ERGONOMIA PRÁTICA

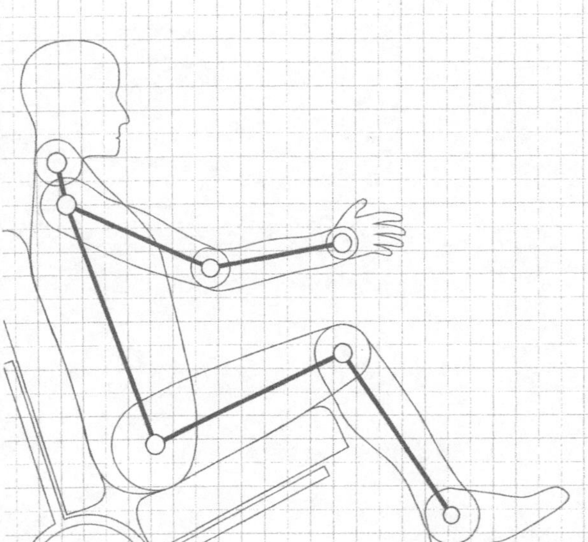

Blucher

Jan Dul

Bernard Weerdmeester

ERGONOMIA PRÁTICA

3.ª Edição
revista e ampliada

Tradutor:
Itiro Iida

Ergonomia prática

3ª edição revista e ampliada
5ª reimpressão - 2017
Editora Edgard Blücher Ltda.

Blucher

Rua Pedroso Alvarenga, 1245, 4º andar
04531-934 - São Paulo - SP - Brasil
Tel.: 55 11 3078-5366
contato@blucher.com.br
www.blucher.com.br

Segundo o Novo Acordo Ortográfico, conforme 5. ed. do *Vocabulário Ortográfico da Língua Portuguesa*, Academia Brasileira de Letras, março de 2009.

FICHA CATALOGRÁFICA

Dul, Jan
Ergonomia prática / Jan Dul, Bernard Weerdmeester; tradutor Itiro Iida - 3.ª ed. - São Paulo: Blucher, 2012.

Título original: Ergonomics for beginners
Bibliografia
ISBN 978-85-212-0642-2

1. Engenharia humana 2. Ergonomia 3. Saúde ambiental I. Weerdmeester, Bernard. II. Título

11.12822 CDD-620.82

Índices para catálogo sistemático:
1. Ergonomia 620.82

PREFÁCIO

A publicação desta terceira edição da Ergonomia Prática coincide com o cinquentenário de fundação da Associação Internacional de Ergonomia. Ao longo desses 50 anos, a ergonomia consolidou-se como uma disciplina própria para estudar as interações homem-objeto, aplicando os conhecimentos da ciência, engenharia, design, tecnologia e gestão de sistemas humanos.

A aplicação da ergonomia ao longo das últimas décadas contribuiu para melhorar significativamente a usabilidade, segurança, desempenho, eficiência e confiabilidade de muitos sistemas de trabalhos. Entre os inúmeros benefícios proporcionados por essas aplicações, pode-se dizer que a ergonomia contribuiu para melhorar as condições de trabalho de milhões de pessoas no mundo todo e reduzir os custos com o tratamento das doenças laborais.

A ergonomia aplica uma metodologia abrangente para o projeto de sistemas, considerando as interações de diversos fatores fisiológicos, cognitivos, sociais, organizacionais, ambientais e outros fatores relevantes. Ao apresentar esse tipo de enfoque, este livro ajudará os projetistas a adotar um método centralizado no ser humano ao projetar locais de trabalho e sistemas operacionais. Além disso, o livro ajudará os leitores a entenderem melhor tanto a utilidade como as limitações das tecnologias modernas.

Os sistemas que exigem interações contínuas entre tecnologia e seus operadores exigem, cada vez mais, o envolvimento de conhecimentos ergonômicos tanto em seu projeto como durante as operações. Esses conhecimentos devem ser dominados não apenas pelos especialistas, mas disseminados também entre profissionais e estudantes de diversas áreas e a população em geral. Essas pessoas devem saber como os sistemas tecnológicos funcionam, mas também saber selecioná-los, para que possam usufruir de todas as comodidades que os mesmos podem proporcionar na produção industrial, prestação de serviços e na vida moderna.

Os requisitos ergonômicos ajudam as pessoas tanto nos ambientes de trabalho como fora deles. Essas informações ajudam as pessoas a entenderem como funcionam os sistemas tecnológicos, para que possam beneficiar-se das suas vantagens.

Para isso, é desejável que todas as pessoas tenham alguns conhecimentos básicos sobre os projetos centrados no usuário e também dos seus riscos e limitações. Essas informações poderão ser úteis nas decisões de compra e utilização dos produtos e sistemas tecnológicos. Com isso, as pessoas podem capacitar-se a tomar decisões corretas sobre a usabilidade dos produtos, bem como dos seus riscos e benefícios.

Este livro contribuirá principalmente para reduzir os efeitos indesejáveis das interações entre homens e máquinas, que tendem a provocar estresse, erros, acidentes e doenças ocupacionais. Com isso, pode contribuir para diminuir os acidentes em locais de trabalho, nos transportes e em outras situações de atividades humanas, reduzindo-se as despesas com o cuidado médico e internações hospitalares. A longo prazo, as aplicações dos conhecimentos ergonômicos poderão contribuir para a construção de um mundo melhor e mais justo.

A terceira edição deste livro certamente contribuirá para aumentar os conhecimentos ergonômicos, tanto de especialistas como do público em geral, em todo o mundo. A opção dos autores em reunir recomendações ergonômicas, sem se deter nas suas explicações ou justificativas, torna esse livro fácil de ser consultado e utilizado. Aqueles que desejarem aprofundar-se encontrarão indicação bibliográfica, classificada por capítulos, no final deste livro. Aos projetistas, em particular, recomenda-se consultar a lista das normas técnicas apresentada. Parabenizo os autores pela preocupação em manter sempre atualizado este importante livro.

Waldemar Karwowski
Professor Titular de Engenharia de Produção e Gestão de Sistemas
Universidade Central da Flórida
Orlando, Flórida, EUA

APRESENTAÇÃO

Ergonomia Prática é a versão brasileira do clássico holandês Vademecum Ergonomie, publicado originalmente em 1963 e posteriormente traduzido para várias línguas. Estamos muito satisfeitos com a boa aceitação do livro pelos leitores brasileiros. Para esta terceira edição, fizemos muitos acréscimos e mudanças.

No Capítulo 2 sobre "Postura e Movimento" apresentamos a nova Tabela 2.2 mais detalhada de medidas antropométricas, incluindo mais variáveis de dimensões humanas, a serem aplicadas nos projetos de produtos e locais de trabalho.

O Capítulo 3 sobre "Informação e Operação" foi modificado para acomodar os rápidos avanços das tecnologias da informática e das comunicações. Foram incluídas recomendações ergonômicas sobre tópicos como realidade virtual, comunicação sem fio, controle remoto e projetos de websites.

O Capítulo 7 sobre "Fontes Adicionais de Informações" foi expandido, incluindo-se indicações atualizadas de livros, periódicos e websites. Foram incluídos também referências de 171 normas ISO abordando tópicos de interesse em ergonomia.

Com essas mudanças esperamos atender melhor às necessidades dos nossos leitores e esperamos que esse pequeno manual possa fornecer recomendações úteis para as aplicações da ergonomia.

Jan Dul
Bernard Weerdmeester
Setembro de 2011

CONTEÚDO

CAPÍTULO 1

INTRODUÇÃO

A ergonomia desenvolveu-se durante a II Guerra Mundial (1939-45). Pela primeira vez, houve uma conjugação sistemática de esforços entre a tecnologia, ciências humanas e biológicas para resolver problemas de projeto. Médicos, psicólogos, antropólogos e engenheiros trabalharam juntos para resolver os problemas causados pela operação de equipamentos militares complexos. Os resultados desse esforço interdisciplinar foram muito gratificantes, a ponto de serem aproveitados pela indústria, no pós-guerra.

O interesse nesse novo ramo de conhecimentos cresceu rapidamente, em especial na Europa e nos Estados Unidos. Na Inglaterra, cunhou-se o termo *ergonomia* e fundou-se, em 1949, a primeira Sociedade de Pesquisa em Ergonomia. Em 1961 foi criada a Associação Internacional de Ergonomia (IEA). Atualmente, ela representa as associações de ergonomia de 40 diferentes países, com um total de 19 mil sócios. (N.T.: No Brasil, a Associação Brasileira de Ergonomia – Abergo – www.abergo.org.br foi fundada em 1983 e também é filiada à IEA).

1.1 O que é ergonomia?

O termo *ergonomia* é derivado das palavras gregas *ergon* (trabalho) e *nomos* (regras). Nos Estados Unidos, usa-se também, como sinônimo, *human factors* (fatores humanos). Resumidamente, pode-se dizer que a ergonomia é uma ciência aplicada ao projeto de máquinas, equipamentos, sistemas e tarefas, com o objetivo de melhorar a segurança, saúde, conforto e eficiência no trabalho. A definição forma da Ergonomia adotada pela IEA é:

Ergonomia (ou fatores humanos) é uma disciplina científica que estuda as interações dos homens com outros elementos do sistema, fazendo aplicações da teoria, princípios e métodos de projeto, com o objetivo de melhorar o bem-estar humano e o desempenho global do sistema.

Nos projetos do trabalho e das situações cotidianas, a ergonomia focaliza o homem. As condições de insegurança, insalubridade, desconforto e ineficiência são eliminadas adaptando-as às capacidades e limitações físicas e psicológicas do homem.

A ergonomia estuda vários aspectos: a postura e os movimentos corporais (sentados, em pé, empurrando, puxando e levantado cargas), fatores ambientais (ruídos, vibrações, iluminação, clima, agentes químicos), informação, (informações captadas pela visão, audição e outros sentidos), relações entre mostradores e controles, bem como cargos e tarefas (tarefas adequadas, interessantes). A conjugação adequada desses fatores permite projetar ambientes seguros, saudáveis, confortáveis e eficientes, tanto no trabalho quanto na vida cotidiana.

A ergonomia baseia-se em conhecimentos de outras áreas científicas, como a antropometria, biomecânica, fisiologia, psicologia, toxicologia, engenharia mecânica, desenho industrial, eletrônica, informática e gerência industrial. Ela reuniu, selecionou e integrou os conhecimentos relevantes dessas áreas. Desenvolveu métodos e técnicas específicas para aplicar esses conhecimentos na melhoria do trabalho e das condições de vida, tanto dos trabalhadores, como da população em geral.

A ergonomia difere de outras áreas do conhecimento pelo seu caráter interdisciplinar e pela sua natureza aplicada. O caráter interdisciplinar significa que a ergonomia se apoia em diversas áreas do conhecimento humano. O caráter aplicado configura-se na adaptação do posto de trabalho e do ambiente às características e necessidades do trabalhador.

1.2 Quem é um ergonomista?

Em alguns países, já é possível fazer um curso de graduação em ergonomia. Em outros países, profissionais como engenheiros, desenhistas industriais, médicos e psicólogos podem adquirir conhecimentos e treinamentos em ergonomia em cursos lato senso. Muitos desses profissionais podem ser chamados de *ergonomistas*, em função dos conhecimentos e experiências adquiridas por eles, ao longo de muitos anos. Ergonomistas profissionais atuam no ensino (universidades e escolas técnicas), instituições de pesquisa, órgãos normativos (legislação), prestação de serviços (consultorias) e no setor produtivo (departamentos de projeto, pesquisa e desenvolvimento, saúde ocupacional, treinamento e outros).

Em muitos países existem organizações profissionais para certificar os ergonomistas. Na Europa, o Centro de Registro de Ergonomistas Europeus (CREE) fornecem registros para profissionais habilitados que queiram atuar como ergonomistas. (N.T. No Brasil, a Abergo instituiu o Sistema de Certificação do Ergonomista Brasileiro).

Muitos ergonomistas que atuam em empresas trabalhando na interface, de um lado, com os projetistas e, de outro, com os operadores ou usuários dos sistemas de produção. Nessa função, procuram orientar os projetistas, compradores, gerentes e trabalhadores sobre os problemas ergonômicas, adaptando os respectivos trabalhos às características e limitações do ser humano.

Além dos ergonomistas, existem muitos outros tipos de profissionais que aplicam os conhecimentos de ergonomia. Aí incluem-se os engenheiros, *designers*, médicos de trabalho, enfermeiros, fisioterapeutas, psicólogos e outros.

1.3 Significado social da ergonomia

A ergonomia pode contribuir para solucionar um grande número de problemas sociais relacionados com saúde, segurança, conforto e eficiência. Muitos acidentes podem ser causados por erros humanos. Esses acidentes podem ser com aviões, carros, guindastes, tarefas domésticas e muitos outros. Analisando-os pode-se chegar à conclusão que são causados pelo relacionamento inadequado entre os operadores e suas tarefas. A probabilidade de ocorrência dos acidentes pode ser reduzida quando se consideram adequadamente as capacidades e limitações humanas e as características do ambiente, durante o projeto do trabalho.

Muitas situações de trabalho e da vida cotidiana são prejudiciais à saúde. As doenças do sistema músculo-esquelético (principalmente dores nas costas) e aquelas psicológicas (estresse, por exemplo) constituem a mais importante causa de absenteísmo e de incapacitação ao trabalho. Essas situações podem ser atribuídas ao projeto ruim e ao uso incorreto de equipamentos, sistemas e tarefas. A ergonomia pode contribuir para reduzir esses problemas. Reconhecendo isso, muitos países já obrigam os serviços de saúde a empregar ergonomistas.

Os conhecimentos em ergonomia têm sido compilados em documentos oficiais visando estimular as aplicações da ergonomia e prevenir problemas de saúde. Muitos conhecimentos de ergonomia foram sistematizados nas normas da *International Standardization Organization* – ISO e da *Comité Européen de Normalisation* – CEN, bem como em normas nacionais de diversos países (N.T.: No Brasil, existe a Norma Regulamentadora NR 17 – Ergonomia, Portaria n. 3.214, de 8.6.1978 do Ministério do Trabalho, modificada pela Portaria n. 3.751 de 23.11.1990 do Ministério do Trabalho). Além disso, muitas empresas elaboram as suas próprias normas internas.

Finalmente, a ergonomia pode contribuir para a prevenção de erros, melhorando o desempenho. Um exemplo bem conhecido é o do fogão doméstico, que leva a frequentes erros, devido ao relacionamento ambíguo entre os botões e os queimadores. No projeto de sistemas mais complexos, como um centro de controle de uma usina nuclear ou um centro de controle operacional de um sistema de transportes (metrô, aerovias), a ergonomia surge como um dos fatores mais importantes na redução dos erros operacionais, para reduzir acidentes.

1.4 Valor econômico da ergonomia

Por definição, ergonomia deve atender aos objetivos sociais (bem-estar) e econômicos (desempenho). No nível social, a ergonomia pode contribuir para a redução dos custos, prevenindo problemas de saúde. Por exemplo, podem-se reduzir distúrbios músculo-esqueléticos devido ao trabalho, pela melhoria das condições de trabalho. Os custos sociais incluem o tratamento das doenças, a perda da produtividade e o absenteísmo.

Nas empresas, a ergonomia pode contribuir para melhorar a competitividade. Com uma boa adaptação ergonômica dos postos de trabalho e dos sistemas, o desempenho do trabalho poderá melhorar, aumentando-se a qualidade e produtividade. Em consequência, os custos podem ser reduzidos. Além disso, os produtos fabricados pela empresa podem ser bem aceitos pelos consumidores, melhorando a competitividade da empresa.

1.5 Aplicações coletivas e individuais

Um princípio importante na aplicação da ergonomia recomenda que os equipamentos, sistemas e tarefas devem ser projetados para uso coletivo. Sabendo-se que há diferenças individuais em uma população, os projetos, em geral, devem atender a 95% dessa população. Isso significa que há 5% dos extremos dessa população (indivíduos muito gordos, muito altos, muito baixos, mulheres grávidas, idosos ou deficientes físicos), para os quais os projetos de uso coletivo não se adaptam bem. Nesses casos, é necessário realizar projetos específicos para essas pessoas.

Este livro procura atender às necessidades coletivas, em primeiro lugar, para beneficiar a maioria da população. Embora considere-se que os projetos para certas minorias sejam igualmente importantes, não podem ser tratados no espaço limitado de um guia deste tipo. Para isso, deve-se recorrer a outras obras especializadas (ver Capítulo 7).

CAPÍTULO 2

POSTURA E MOVIMENTO

A postura e movimento corporal têm grande importância na ergonomia. Tanto no trabalho como na vida cotidiana, eles são determinados pela tarefa e pelo posto de trabalho.

Para realizar uma postura ou um movimento, são acionados diversos músculos, ligamentos e articulações do corpo. Os músculos fornecem a força necessária para o corpo adotar uma postura ou realizar um movimento. Os ligamentos desempenham uma função auxiliar, enquanto as articulações permitem um deslocamento de partes do corpo em relação às outras. Posturas e movimentos inadequados produzem tensões mecânicas nos músculos, ligamentos e articulações, resultando em dores no pescoço, costas, ombros, punhos e outras partes do sistema músculo-esquelético.

Alguns movimentos, além de produzirem tensões mecânicas nos músculos e articulações, apresentam um gasto energético que exige muito dos músculos, coração e pulmões. Nas seções seguintes, serão apresentadas recomendações para melhorar as tarefas e os postos de trabalho, envolvendo posturas e movimentos usuais, na posição sentada, em pé, levantado e empurrando cargas.

2.1 Bases biomecânicas, fisiológicas e antropométricas

Diversos princípios importantes da ergonomia derivam-se de outras áreas do conhecimento como a biomecânica, fisiologia e antropometria. Esses conhecimentos são importantes para formular as recomendações sobre a postura e o movimento, com se verá a seguir.

2.1.1 Biomecânica

No estudo da biomecânica, aplicam-se as leis físicas da mecânica ao corpo humano. Assim, podem-se estimar as tensões que ocorrem nos músculos e articulações durante uma postura ou um movimento. Os princípios mais importantes da biomecânica para a ergonomia são descritos a seguir.

Mantenha as articulações em posição neutra

Para conservar uma postura ou realizar um movimento, as articulações devem ser mantidas, tanto quanto possível, na sua posição neutra. Nesta posição, os músculos e os ligamentos são tencionados ao mínimo, ou seja, são esticados o menos possível. Além disso, os músculos são capazes de liberar a força máxima, quando as articulações estão na posição neutra.

Exemplos de más posturas, onde as articulações não estão em posição neutra: braços erguidos, perna levantada, cabeça abaixada e troco inclinado.

Conserve os pesos próximos ao corpo

Os pesos devem ser mantidos próximos do corpo, na medida do possível. Quanto mais o peso estiver afastado do corpo, mais os braços serão tencionados e o corpo penderá para frente. As articulações (cotovelo, ombro e costas) serão mais exigidas, aumentando as tensões sobre elas e os respectivos músculos. A Figura 2.1 mostra o aumento da tensão nas costas, quando o braço se afasta do corpo, segurando um peso de 5 kg.

Evite curvar-se para frente

Os períodos prolongados com o corpo inclinado devem ser evitados sempre que possível. A parte superior do corpo de um adulto, acima da cintura, pesa 40 kg, em média. Quando o tronco inclina-se para frente, há contração dos músculos e dos ligamentos das costas para manter essa posição. A tensão é maior na parte inferior do tronco, onde surgem dores.

Evite torções do tronco

Posturas torcidas do tronco causam tensões indesejáveis nas vértebras. Os discos elásticos que existem entre as vértebras são tencionados, e as articulações e músculos que existem nos dois lados da coluna vertebral são submetidos a cargas assimétricas, que são prejudiciais.

Evite movimentos bruscos que produzem picos de tensão

Movimentos bruscos podem produzir pico de alta tensão, de curta duração. Esse pico de tensão é resultado da aceleração do movimento. Sabe-se que levantamentos rápidos de carga podem produzir fortes dores nas costas. O levantamento de carga deve ser feito gradualmente. É necessário pré-aquecer a musculatura antes de fazer uma grande força. Os movimentos devem ter um ritmo suave e contínuo, para se evitar tensões bruscas.

Alterne posturas e movimentos

Nenhuma postura ou movimento repetitivo deve ser mantido por um longo período. As posturas prolongadas e os movimentos repetitivos são muito fatigantes.

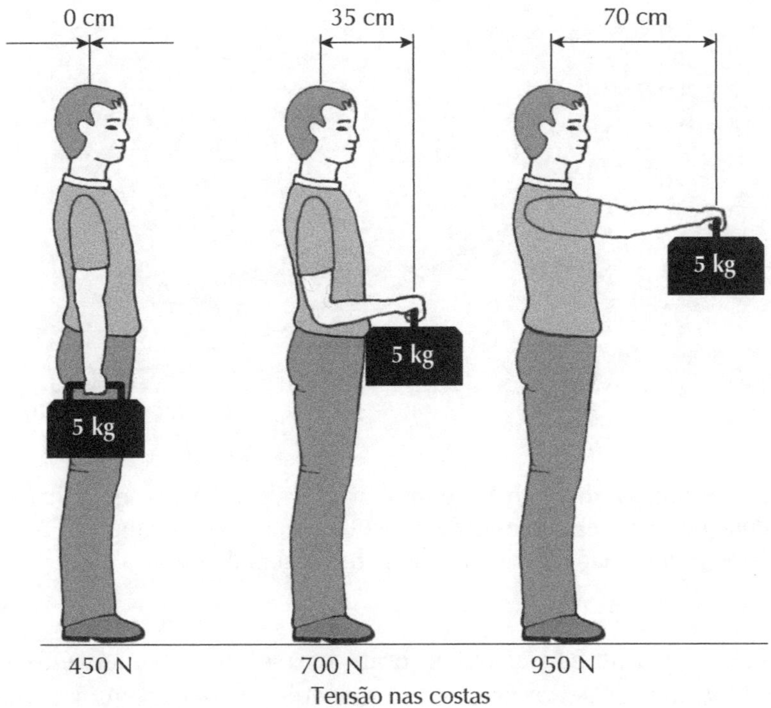

Figura 2.1 — Quando se aumenta a distância entre as mãos e o corpo há um aumento da tensão nas costas.

A longo prazo, podem produzir lesões nos músculos e articulações. Isso pode ser prevenido com uma alternância das posturas ou tarefas. Significa, por exemplo, alternar posições sentadas por aquelas em pé e andando. Pode-se também fazer rodízios periódicos, de um posto de trabalho para outro, entre os trabalhadores envolvidos em tarefas que exigem movimentos muito repetitivos, desde que os movimentos exigidos nesses postos sejam diferentes entre si. Por exemplo, trabalhadores de linha de produção, podem ser deslocados periodicamente para outras tarefas, como embalagens, controle de qualidade, limpeza ou manutenção.

Restrinja a duração do esforço muscular contínuo

A tensão contínua de certos músculos do corpo, como resultado de uma postura prolongada ou de movimentos repetitivos, provoca fadigas musculares localizadas, resultando em desconforto e queda do desempenho. Quanto maior o esforço muscular, menor se torna o tempo suportável (ver Figura 2.2). A maioria das pessoas não consegue manter o esforço muscular máximo além de alguns segundos. Com 50% do esforço muscular máximo, o tempo suportável é de aproximadamente dois minutos.

Previna a exaustão muscular

A exaustão muscular deve ser evitada porque, se isso ocorrer, há uma demora de vários minutos para a recuperação. A Figura 2.3 mostra algumas curvas de

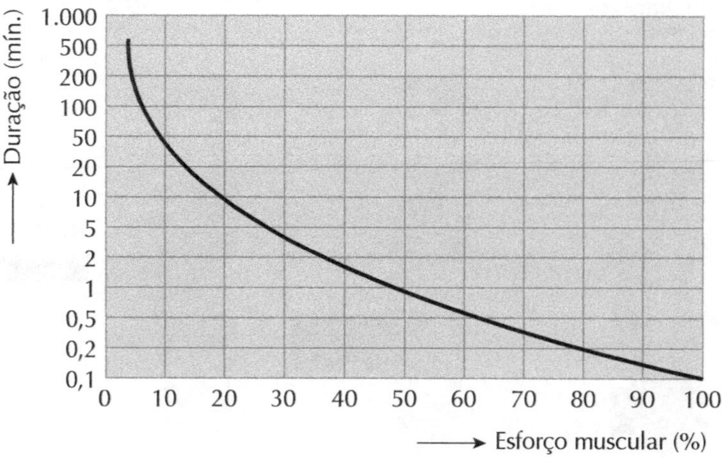

Figura 2.2 — A duração de um esforço muscular localizado deve ser limitada. A figura mostra as durações máximas do esforço muscular contínuo (em minutos), em função do esforço muscular exercido (como percentagem do esforço máximo).

recuperação, depois que os músculos foram parcial ou totalmente exauridos por um esforço contínuo. Observa-se que um músculo exausto requer cerca de trinta minutos para recuperar 90% de sua capacidade. Músculos meio exaustos atingem a mesma recuperação em quinze minutos. O processo completo de recuperação pode demorar várias horas.

Faça pausas curtas e frequentes

A fadiga muscular pode ser reduzida com diversas pausas curtas distribuídas ao longo da jornada de trabalho. Isso é melhor que aquelas pausas longas concedidas no final da tarefa ou ao final da jornada. Muitas vezes, essas pausas curtas já existem naturalmente dentro do próprio ciclo do trabalho. Por exemplo, quando se espera que a máquina complete o seu ciclo ou quando um carregador retorna sem carga. Do contrário, é necessário programar pausas periódicas durante o ciclo de trabalho.

2.1.2 Fisiologia

A fisiologia pode estimar a demanda energética do coração e dos pulmões exigida para um esforço muscular. Já vimos (ver item 2.1.1) que a fadiga pode ocorrer com o esforço muscular contínuo e localizado. Ela pode ocorrer também com o esforço físico realizado durante longos períodos. O fator limitante neste caso é a energia que o coração e os pulmões podem fornecer aos músculos, para manter uma postura ou realizar movimentos. Alguns princípios fisiológicos que interessam à ergonomia são apresentados a seguir.

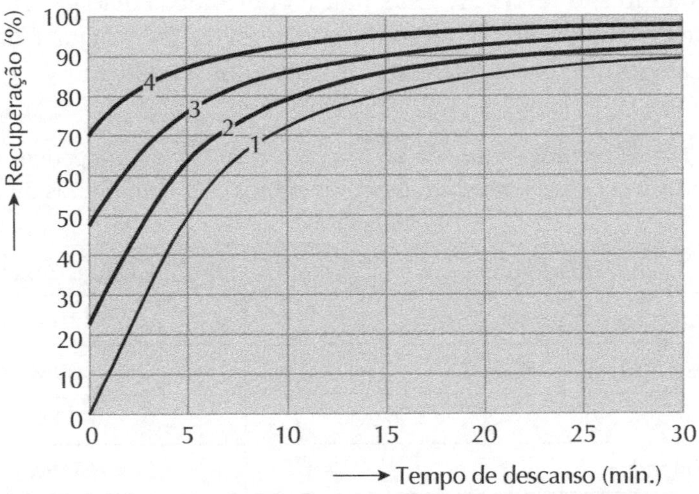

Figura 2.3 — Curvas de recuperação da capacidade muscular após um tempo de descanso. A curva 1 é para músculos completamente exaustos e as curvas 2, 3 e 4 são para músculos parcialmente exaustos.

Limite o gasto energético no trabalho

A maioria da população pode executar tarefas usuais por um longo tempo, sem sentir fadiga pelo esgotamento energético, desde que esta não exceda 250 Watts (1 W = 0,06 kj/mín = 0,0143 kcal/mín). Essa cifra inclui a quantidade de energia de aproximadamente 80 W, chamado de metabolismo basal. O organismo humano, mesmo em completo repouso, consome a energia correspondente ao metabolismo basal (a máquina humana nunca se desliga). O corpo necessita dessa energia apenas para manter as suas funções vitais, sem realizar trabalho externo. A energia adicional é aplicada no trabalho.

Até o limite acima apresentado, a tarefa não é considerada pesada e não são necessárias pausas especiais no trabalho ou alternância com tarefas mais leves, para a recuperação do organismo. Exemplos de atividades com demanda energética menor que 250 W: digitação, montagem de pequenas peças, trabalhos domésticos, operação de máquinas leves, andar a passo normal ou pedalar por lazer.

Conceda pausas para recuperação em trabalhos pesados

Se a energia gasta durante uma tarefa exceder 250 W, torna-se necessário introduzir uma pausa para recuperação. A pausa pode ser uma interrupção da tarefa ou a substituição por uma tarefa mais leve. Em qualquer caso, o nível da atividade deve ser reduzido, de modo que o gasto energético médio durante toda a jornada não exceda 250 W.

A Tabela 2.1 apresenta exemplos de algumas atividades que demandam gastos energéticos acima de 250 W. Deve-se observar também que a recuperação torna-se mais efetiva quando são feitas diversas pausas periódicas distribuídas ao longo da jornada. Não se deve esperar pelo término da tarefa ou final da jornada para conceder essas pausas porque isso pode levar os músculos à exaustão.

TABELA 2.1 — Exemplos de atividades pesadas, com gastos energéticos acima de 250 W. O trabalho nestas condições deve ser intercalado com pausas ou atividades mais leves.

Atividade	Gasto energético
Andar a 4 km/h com peso de 30 kg	370 w
Levantar peso de 1 kg, 1 vez/seg	600 w
Correr a 10 km/h	670 w
Pedalar a 20 km/h	670 w
Subir escada de 30 degraus, 1 km/h	960 w

2.1.3 Antropometria

A antropometria ocupa-se das dimensões e proporções do corpo humano. Os princípios antropométricos que interessam à ergonomia são apresentados a seguir.

Considere as diferenças individuais do corpo

Os projetistas dos postos de trabalho, máquinas e móveis, devem lembrar-se sempre que existem diferenças individuais entre os usuários. A altura de uma cadeira adequada para um indivíduo médio, pode ser desconfortável para os indivíduos mais altos ou mais baixos. Uma cadeira que tenha ajustes de altura pode adaptar-se às diferenças individuais desses usuários.

Há casos em que o projeto é dimensionado deliberadamente para um dos extremos da população. Por exemplo, um painel de controle, que deve ser alcançado com os braços, deve ser dimensionado pela dimensão mínima dos braços de seus usuários. Assim, a maioria da população poderia alcançá-lo. No outro extremo, a largura de uma saída de emergência, por exemplo, deve ser dimensionada para o extremo superior. Se fosse dimensionada pela média, 50% da população ficaria entalada.

Use tabelas antropométricas adequadas

As tabelas antropométricas (apresentam as dimensões do corpo, pesos e alcances dos movimentos) referem-se sempre a uma determinada população e nem sempre podem ser aplicadas para outras populações. A Tabela 2.2, por exemplo, apresenta as dimensões dos ingleses e norte-americanos adultos.

TABELA 2.2 — Medidas antropométricas de ingleses adultos – 19 a 65 anos

Variável (mm)	Homens ingleses				Mulheres inglesas			
	Baixos 5%	Médios 50%	Altos 95%	Desvio padrão	Baixas 5%	Médias 50%	Altas 95%	Desvio padrão
1. Estatura (corpo ereto)	1625	1740	1855	70	1505	1610	1710	62
2. Altura dos olhos (corpo ereto)	1515	1630	1745	69	1405	1505	1610	61
3. Altura dos ombros (corpo ereto)	1315	1425	1535	66	1215	1310	1405	58
4. Altura do cotovelo (corpo ereto)	1005	1090	1180	52	930	1005	1085	46
5. Altura dos quadris (corpo ereto)	840	920	1000	50	740	810	885	43
6. Altura do centro da mão (corpo ereto)	690	755	825	41	660	720	780	36
7. Altura da ponta dos dedos (corpo ereto)	590	655	720	38	560	625	685	38
8. Altura da cabeça (sentado)	850	910	965	36	795	850	910	35
9. Altura dos olhos (sentado)	735	790	845	35	685	740	795	33
10. Altura dos ombros (sentado)	540	595	645	32	505	555	610	31
11. Altura dos cotovelos (sentado)	195	245	295	31	185	235	280	29
12. Altura da parte superior das coxas (sentado)	135	160	185	15	125	155	180	17
13. Comprimento nádegas-joelho (sentado)	540	595	645	31	520	570	620	30
14. Comprimento nádegas-poplítea (sentado)	440	495	550	32	435	480	530	30
15. Altura do joelho (sentado)	490	545	595	32	455	500	540	27
16. Altura poplítea (sentado)	395	440	490	29	355	400	445	27
17. Largura dos ombros (bideltoide)	420	465	510	28	355	395	435	24
18. Largura dos ombros (biacromial)	365	400	430	20	325	355	385	18
19. Largura dos quadris (sentado)	310	360	405	29	310	370	435	38
20. Profundidade do tórax (sentado)	215	250	285	22	210	250	295	27
21. Profundidade do abdômen (sentado)	220	270	325	32	205	255	305	30
22. Comprimento ombro-cotovelo (na vertical)	330	365	395	20	300	330	360	17
23. Comprimento cotovelo-ponta dos dedos (horizontal)	440	475	510	21	400	430	460	19
24. Comprimento do braço (na horizontal)	720	780	840	36	655	705	760	32
25. Comprimento ombro-centro da mão (horizontal)	610	665	715	32	555	600	650	29
26. Largura da cabeça (de perfil)	180	195	205	8	165	180	190	7
27. Largura da cabeça (de frente)	145	155	165	6	135	145	150	6
28. Comprimento da mão	175	190	205	10	160	175	190	9
29. Largura da palma da mão	80	85	95	5	70	75	85	4
30. Comprimento do pé	240	265	285	14	215	235	255	12
31. Largura do pé	85	95	110	6	80	90	100	6
32. Envergadura	1655	1790	1925	83	1490	1605	1725	71
33. Distância entre cotovelos (na horizontal)	865	945	1020	47	780	850	920	43
34. Altura do centro da mão (corpo ereto, braço esticado)	1925	2060	2190	80	1790	1905	2020	71
35. Altura do centro da mão (sentado, braço esticado)	1145	1245	1340	60	1060	1150	1235	53
36. Alcance horizontal (braço esticado)	720	780	835	34	650	705	755	31
Peso (kg)	55	75	94	12	44	63	81	11

Continua

TABELA 2.2 *(cont.)* — Medidas antropométricas de norte-americanos adultos – 19 a 65 anos

Variável (mm)	Homens norte-americanos				Mulheres norte-americanas			
	Baixos 5%	Médios 50%	Altos 95%	Desvio padrão	Baixas 5%	Médias 50%	Altas 95%	Desvio padrão
1. Estatura (corpo ereto)	1640	1755	1870	71	1520	1625	1730	64
2. Altura dos ombros (corpo ereto)	1529	1644	1759	70	1416	1519	1622	63
3. Altura dos olhos (corpo ereto)	1330	1440	1550	67	1225	1325	1425	60
4. Altura do cotovelo (corpo ereto)	1020	1105	1190	53	945	1020	1095	47
5. Altura dos quadris (corpo ereto)	835	915	995	50	760	835	910	45
6. Altura do centro da mão (corpo ereto)	700	765	830	41	670	730	790	37
7. Altura da ponta dos dedos (corpo ereto)	595	660	725	39	565	630	695	40
8. Altura da cabeça (sentado)	855	915	975	36	800	860	920	36
9. Altura dos olhos (sentado)	740	800	860	35	690	750	810	35
10. Altura dos ombros (sentado)	545	600	655	32	510	565	620	32
11. Altura dos cotovelos (sentado)	195	254	295	31	185	235	285	29
12. Altura da parte superior das coxas (sentado)	135	160	185	16	125	155	185	17
13. Comprimento nádegas-joelho (sentado)	550	600	650	31	525	575	625	31
14. Comprimento nádegas-poplítea (sentado)	445	500	555	33	550	590	540	31
15. Altura do joelho (sentado)	495	550	605	32	460	505	550	28
16. Altura poplítea (sentado)	395	445	495	29	360	405	450	38
17. Largura dos ombros (bideltoide)	425	470	515	28	360	400	440	25
18. Largura dos ombros (biacromial)	365	400	435	21	330	360	390	19
19. Largura dos quadris (sentado)	310	360	410	30	310	375	440	39
20. Profundidade do tórax (sentado)	220	255	290	22	210	255	300	28
21. Profundidade do abdômen (sentado)	220	275	330	32	210	260	310	31
22. Comprimento ombro-cotovelo (na vertical)	330	365	400	21	305	335	365	18
23. Comprimento cotovelo-ponta dos dedos (horizontal)	445	480	515	21	400	435	470	20
24. Comprimento do braço (na horizontal)	730	790	850	36	655	715	775	35
25. Comprimento ombro-centro da mão (horizontal)	615	670	725	33	560	610	660	30
26. Largura da cabeça (de perfil)	180	195	210	8	165	180	195	8
27. Largura da cabeça (de frente)	145	155	165	6	135	145	155	6
28. Comprimento da mão	175	191	205	10	160	175	190	10
29. Largura da palma da mão	80	90	100	5	65	75	85	5
30. Comprimento do pé	240	265	290	14	220	240	260	13
31. Largura do pé	90	100	110	6	80	90	100	6
32. Envergadura	1670	1810	1950	84	1505	1625	1745	73
33. Distância entre cotovelos (na horizontal)	875	966	1035	48	790	860	930	44
34. Altura do centro da mão (corpo ereto, braço esticado)	1950	2080	2210	80	1805	1925	2045	73
35. Altura do centro da mão (sentado, braço esticado)	1155	1255	1355	61	1070	1160	1250	55
36. Alcance horizontal (braço esticado)	725	785	845	35	655	710	765	32
Peso (kg)	55	78	102	14	41	65	89	15

Fonte: Pheasant, S. e Hastegrave, C. 2006.

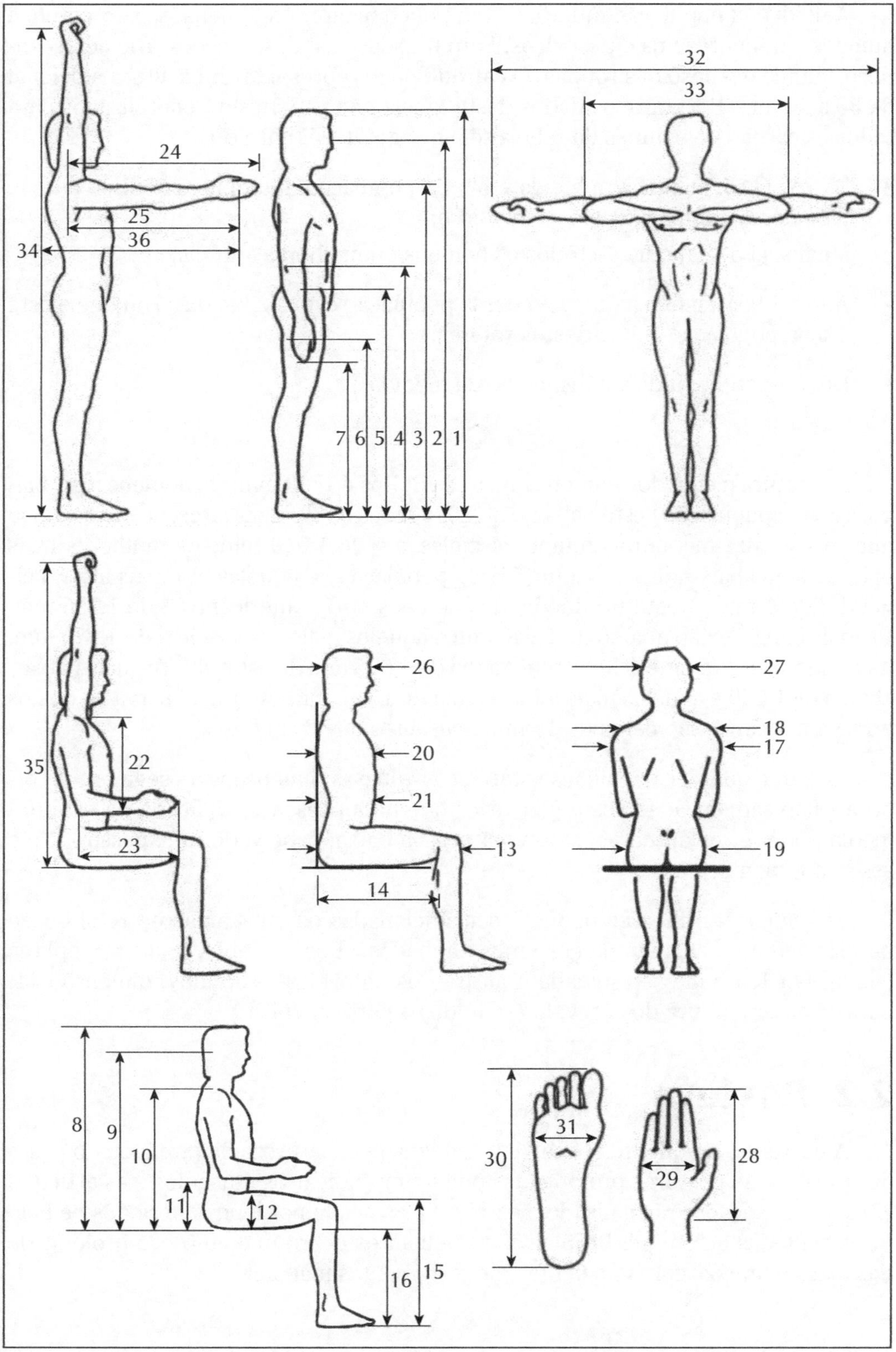
32
33
24
25
36
34
7 6 5 4 3 2 1
26
27
18
17
20
21
35
22
23
13
19
14
8
9
10
11
12
16
15
30
31
28
29

A média da população mundial é um pouco menor. As dimensões se referem a homens e mulheres nus e descalços. Para pessoas vestidas, é necessário acrescentar o volume e o peso das roupas. O calçado pode representar uma altura adicional de 30 a 50 mm. Portanto, os dados desta tabela não podem ser generalizados para todos os casos. As colunas da tabela têm o seguinte significado:

- Baixos (P5): significa que existe 5% da população adulta abaixo disso ou que 95% dessa população está acima disso;
- Médios (P50): média de todos os homens ou mulheres adultas;
- Altos (P95): significa que 95% dessa população está abaixo disso ou que existe 5% da população acima destes valores;
- Desvio-padrão: indica a dispersão da medida

A estatura média dos homens ingleses adultos é 1740 mm. Os homens mais baixos (5% da população) estão abaixo de 1625 mm e os 5% mais altos, acima de 1.855 mm. A estatura média das mulheres inglesas é de 1.610 mm. As mulheres mais baixas estão abaixo de 1505 mm (5% da população) e aquelas 5% mais altas, acima de 1.710 mm. A estatura média dos homens norte americanos é de 1.755 mm. Os mais baixos estão abaixo de 1.640 mm e aqueles mais altos, acima de 1.870 mm. As mulheres norte-americanas tem média de 1.625 mm de estatura. As mais baixas, abaixo de 1.520 e aquelas mais altas, acima de 1.730 mm. Assim, observa-se que os norte-americanos são cerca de 15 mm mais altos que os ingleses.

Observe que as correlações estatísticas entre as dimensões de segmentos corporais não são elevadas. Isso quer dizer que uma pessoa classificada na estatura média pode ter os antebraços de uma pessoa baixa, cabeça de uma pessoa alta e assim por diante.

As dimensões lineares poderão ser adicionadas ou subtraídas entre si desde que se refiram a segmentos corporais alinhados. Por exemplo, a altura poplítea (dimensão 16) pode ser somada à altura dos cotovelos (sentado), dimensão 11, para se obter a altura do cotovelo (sentado) a partir do piso.

2.2 Postura

A postura é, frequentemente, determinada pela natureza da tarefa ou do posto de trabalho. As posturas prolongadas podem prejudicar os músculos e as articulações. Nesta seção será analisado o estresse provocado por longos períodos de posturas sentadas ou em pé. Problemas semelhantes ocorrem com o uso prolongado das mãos e braços, como no manejo de ferramentas manuais.

Selecione uma postura básica adequada ao cargo

As características do cargo determinam a melhor postura básica: sentada, em pé ou combinações sentada/em pé. Um porteiro de hotel tem uma postura ereta e estática, enquanto um carteiro passa a maior parte do tempo caminhando e o digitador, sentado. Alguns postos de trabalho permitem alternar as posturas sentada/em pé. A Figura 2.4 apresenta um procedimento para selecionar a postura básica.

2.2.1 Trabalho sentado

Posturas sentadas por um longo tempo ocorrem em escritórios, mas também nas fábricas (linhas de montagem). A posição sentada apresenta vantagens sobre a postura ereta. O corpo fica melhor apoiado em diversas superfícies: piso, assento, encosto, braços da cadeira, mesa. Portanto, a posição sentada é menos cansativa que a de pé. Entretanto, as atividades que exigem maiores forças ou grandes movimentos do corpo são melhor executadas em pé.

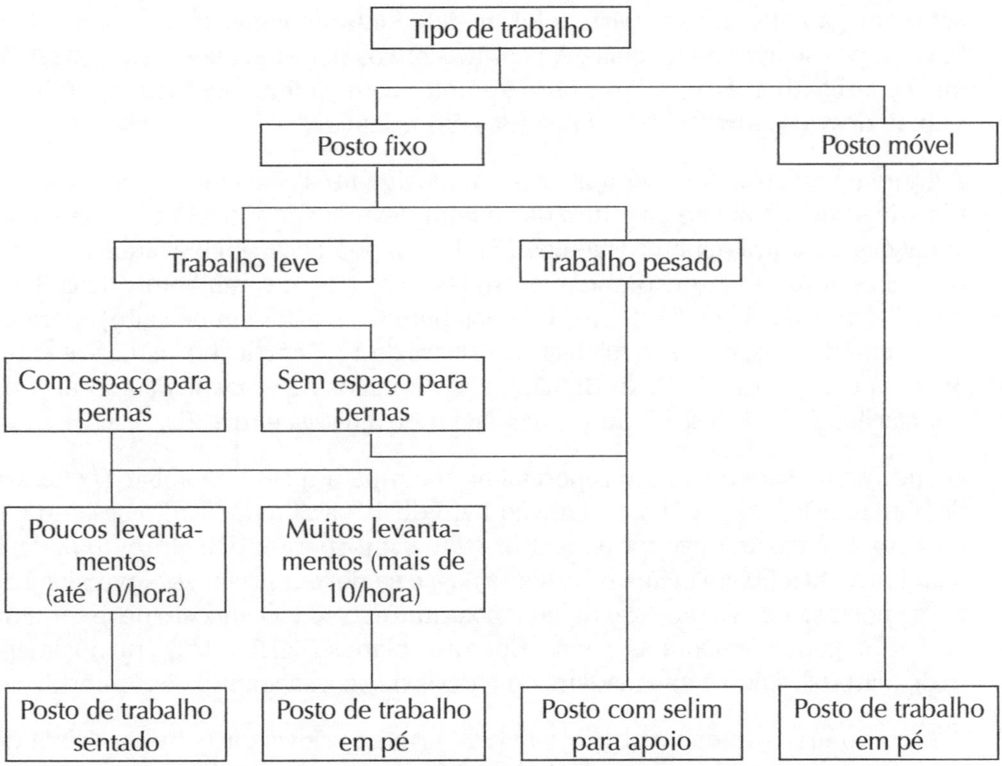

Figura 2.4 — Roteiro para selecionar a postura básica.

Alterne a posição sentada/em pé/andando

Embora a posição sentada seja melhor que a em pé, deve-se evitar longo período sentado. Muitas atividades manuais, executadas quando se está sentado, exigem um acompanhamento visual. Isso significa que o tronco e a cabeça ficam inclinados para frente. O pescoço e as costas ficam submetidos a longas tensões, que podem provocar dores. O dorso pode ser submetido também a tensões, quando for necessário girar o corpo com o assento fixo (isso ocorre frequentemente com os tratoristas). As tarefas manuais geralmente são feitas com os braços suspensos, sem apoio, o que provoca dores nos ombros.

As tarefas que exigem um longo período sentado devem ser alternadas com outras que permitam ficar em pé ou andando. Alguns postos de trabalho permitem alternar essas duas posturas, usando cadeiras mais altas, com apoios para os pés na posição sentada (ver Figura 2.11).

Ajuste a altura do assento e a posição do encosto

Existem muitas cadeiras que permitem regular a altura do assento e ajustar a posição do encosto. Estas devem ter as seguintes características:

- A altura do assento deve ser dimensionada pela altura poplítea (medida 16) e pode ser considerada adequada quando a coxa está bem apoiada no assento, sem esmagamento de sua parte inferior (em contanto com as bordas do assento) e os pés se apoiam no chão. A postura com os pés em balanço são extremamente fatigantes. Isso ocorre, por exemplo, com cadeiras escolares, onde há grande desvio-padrão entre as medidas das crianças.

- A altura do assento deve ser ajustável em movimentos contínuos e suaves, e não por "degraus". O ajuste da altura da cadeira deveria ser feito de acordo com as variações da altura poplítea (medida 16). Para a população inglesa adulta, a faixa de ajuste deveria ser de 13,5 cm, entre 38,5 cm (5% das mulheres, mais 3 cm de salto do calçado) a 52,0 cm (95% dos homens mais 3 cm de salto). Para os norte-americanos, esse mesma faixa de ajuste de 13,5 cm deveria situar-se entre 39,0 cm e 52,5 cm. (N.T. No Brasil, devido à maior heterogeneidade étnica da população, seria necessário uma faixa maior de ajustes, entre 36 a 55 cm).

- O encosto da cadeira deve proporcionar apoio para a região lombar (na altura do abdômen). Deve-se deixar um vão livre de 10 a 20 cm entre o assento e o encosto. O encosto deve ter uma altura de 30 cm (portanto, a altura total deve ficar entre 40 a 50 cm acima do assento). Não se deve utilizar esse apoio lombar para apoiar as costas, no caso de uma postura relaxada. O encosto deve ter uma curvatura para acomodar as costas. Encostos planos (perfil reto), principalmente de material rígido como madeira ou chapas de aço, são muito desconfortáveis.

- A parte inferior do encosto (próxima do assento) deve ser convexa (vista de perfil), para acomodar a curvatura das nádegas, ou ser vazada (na recomendação acima, o tamanho desse vão livre deve ser regulável, entre 10 a 20 cm entre o assento e o encosto).

- A cadeira também pode ser giratória. Isso reduz a necessidade de torcer o tronco e permite maiores variações na postura, prevenindo a fadiga.

Limite o número de ajustes possíveis da cadeira

É preferível limitar o número de ajustes apenas para as dimensões mais importantes da cadeira: pelo menos, a altura do assento e a altura do encosto. Se houver muitos ajustes, é provável que os usuários façam ajustes incorretos. Isso, em vez de ajudar, acaba prejudicando.

Ensine a forma correta de regular a cadeira

Os usuários de cadeiras devem receber instruções sobre a forma correta de regulá-las. Isso deve incluir elementos ajustáveis do posto de trabalho, como a altura da mesa, que deve estar conjugada com a altura da cadeira.

Use cadeiras especiais para tarefas específicas

Alguns tipos de cadeiras especiais podem ser recomendados para tarefas específicas. Uma cadeira com braços pode ser escolhida, desde que não atrapalhem. Os braços da cadeira devem ser curtos, para que a cadeira possa ficar próxima da mesa. Eles podem ajudar a suportar os pesos do tronco e dos braços, além de proporcionar apoio na hora de levantar-se. As rodinhas nos pés da cadeira podem ser úteis quando esta precisa ser movimentada frequentemente, mas não devem ser usadas quando há operação de pedais, pois provocam instabilidade. O assento também pode ser inclinável para frente e para trás, com pequeno ângulo. Para tarefas que exigem inclinação do corpo pra frente, pode ser vantajoso oscilar o assento até o máximo de 20 graus, evitando a necessidade de curvar o corpo para frente.

A Figura 2.5 ilustra uma cadeira operacional recomendada para digitadores. Nesse caso, o assento e o encosto são reguláveis. O encosto é alto, dando suporte para os ombros e à região lombar. Os apoios curtos para os braços e as rodinhas nos pés proporcionam um conforto adicional, facilitando as mudanças de postura.

Figura 2.5 — Exemplo de uma cadeira ergonômica para trabalho de digitação. As alturas do assento e do encosto são reguláveis. A cadeira é dotada de rodinhas, braços curtos reguláveis, e pode girar em torno do eixo.

Ajuste a altura da superfície de trabalho de acordo com a tarefa

O uso de uma cadeira adequada não é suficiente para garantir uma postura correta no trabalho. A posição das mãos, bem como o ponto de focalização dos olhos, têm uma grande importância para a postura da cabeça, tronco e braços.

A altura correta das mãos e do foco visual dependem da tarefa, dimensões corporais e preferências individuais. Muitas tarefas exigem acompanhamento visual dos movimentos manuais. Então, a altura da superfície de trabalho deve ser determinada pelo compromisso entre a melhor altura para as mãos e a melhor posição para os olhos. Isso acaba determinando a postura da cabeça e do tronco.

Em princípio, uma superfície baixa é melhor, porque os braços não precisam ser erguidos e, nesta posição, é mais fácil aplicar forças. Em compensação, as superfícies mais altas permitem uma melhor visualização do trabalho, sem necessidade de curvar-se para frente. As recomendações gerais para a altura da superfície de trabalho estão na Tabela 2.3, para três tipos de tarefas. Elas podem ser aplicadas para trabalho em pé ou sentado.

As mãos e o foco visual nem sempre estão na superfície da mesa ou da bancada. É necessário considerar a altura ou espessura das peças, ferramentas ou acessórios em uso. Por exemplo, no uso de teclado, a superfície de trabalho situa-se 3 cm (medida no ponto médio) acima da superfície da mesa.

Tabela 2.3 — Recomendações para as alturas das mãos e dos olhos, nas posturas sentada ou em pé

Tipo de tarefa	Altura da superfície de trabalho
Uso dos olhos: *muito* Uso das mãos e braços: *pouco*	10 a 30 cm abaixo da altura dos olhos
Uso dos olhos: *muito* Uso das mãos e braços: *muito*	0 a 15 cm acima da altura do cotovelo
Uso dos olhos: *pouco* Uso das mãos e braços: *muito*	0 a 30 cm abaixo da altura do cotovelo

A altura da superfície do trabalho deve ser ajustável, entre 54,0 (5% das mulheres) a 78,5 (95% dos homens) cm, com uma faixa de 24,5 cm para acomodar as diferenças individuais (ver as medidas 11 e 16 na Tabela 2.2). No caso de manipulação de peças de diferentes alturas, a faixa de ajustes deve ser ainda maior. De preferência, essa altura deve ser facilmente regulável, a partir da posição sentada.

Compatibilize as alturas da superfície de trabalho e do assento

Para o trabalho sentado, as distâncias verticais entre a altura do assento e a superfície de trabalho devem ser compatibilizadas para cada indivíduo. A altura do assento é regulada de acordo com a altura poplítea (medida 16 na Tabela 2.2) de modo que os pés repousem sobre o piso. A superfície de trabalho deve ficar na altura do cotovelo da pessoa sentada, de modo que o antebraço trabalhe paralelo à superfície horizontal.

Use apoio para os pés

Se a altura da superfície de trabalho não for ajustável, como no caso de máquinas, é melhor dimensioná-la para o usuário mais alto. A altura do assento, então, é regulada para essa superfície. Para os usuários mais baixos, deve ser providenciado um apoio para os pés, que não seja uma simples barra, mas uma superfície ligeiramente inclinada, para permitir mudanças de postura. Esse tipo de apoio pode ser providenciado também para trabalhos em escritórios, para facilitar a mudança de postura durante a jornada, contribuindo, assim, para a redução da fadiga.

Evite manipulações fora do alcance

As manipulações fora de alcance dos braços exigem movimentos do tronco. Para evitar isso, as ferramentas, controles e peças devem situar-se dentro de um envoltório tridimensional de alcance dos braços (ver Figura 2.6).

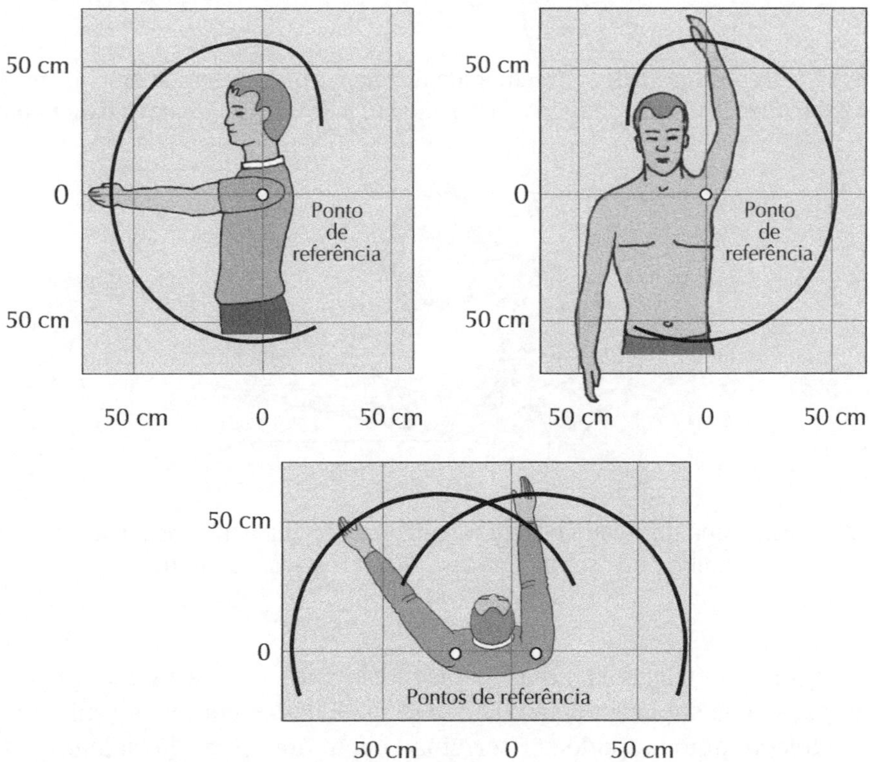

Figura 2.6 — Alcances máximos das mãos para trabalho sentado ou em pé.

As operações mais importantes devem situar-se dentro de um raio aproximado de 50 cm a partir da articulação entre os braços e os ombros. Isto se aplica tanto ao trabalhador sentado como em pé. Mais detalhes são apresentados no Capítulo 3.

Incline a superfície para leitura

Sempre que possível, as tarefas que exigem um acompanhamento visual contínuo devem ser feitas em superfície inclinada, como no caso de desenhos, leituras e inspeções de qualidade. A superfície inclinada tem o objetivo de aproximar o trabalho dos olhos. Do contrário, seria necessário inclinar a cabeça e o tronco para frente. No caso de leitura, a inclinação recomendada é 45 graus (ver Figura 2.7) e, para escrever, a inclinação pode ser de 15 graus (Figura 2.8). Inclinações maiores são inconvenientes porque não permitem apoio dos braços e os objetos escorregam.

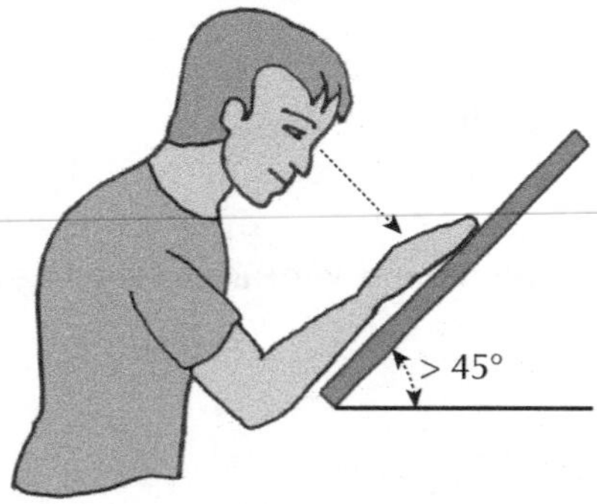

Figura 2.7 — A postura pode ser melhorada em tarefas que exigem acompanhamento visual, inclinando-se a superfície de trabalho em pelo menos 45 graus para frente.

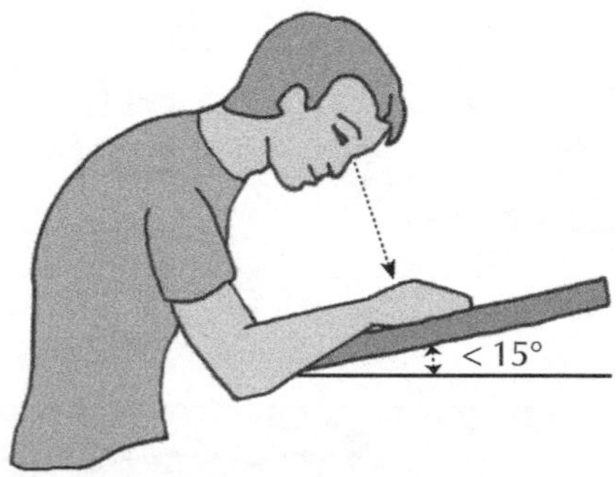

Figura 2.8 — Para trabalhos manuais que exigem acompanhamento visual, a superfície de trabalho pode ser inclinada em até 15 graus para frente.

Pode-se providenciar acabamentos antiderrapantes para evitar o escorregamento de peças nas superfícies inclinadas, ou colocá-las em guias (sulcos). A superfície inclinada também pode ser terminada com uma parte horizontal para evitar esse escorregamento.

Deixe espaço suficiente para as pernas

As pernas devem ser acomodadas dentro de um espaço sob a superfície de trabalho (Figura 2.9). Esse espaço é importante para permitir uma postura adequada, sem inclinar o corpo para frente. A largura desse espaço deve ser 60 cm, no mínimo. A profundidade deve medir pelo menos 40 cm na parte superior (joelhos) e 100 cm na parte inferior, junto aos pés. Esta dimensão maior junto aos pés justifica-se pela necessidade de esticar as pernas para frente, de vez em quando, para mudar a postura. A espessura da superfície de trabalho (tampo) deve ser mais fina possível, para que haja um vão suficiente entre a parte inferior da superfície de trabalho e a parte superior das pernas. Digamos que essa espessura não possa ultrapassar 3 cm. Isso pode dar maior mobilidade para as pernas, facilitando as mudanças de postura.

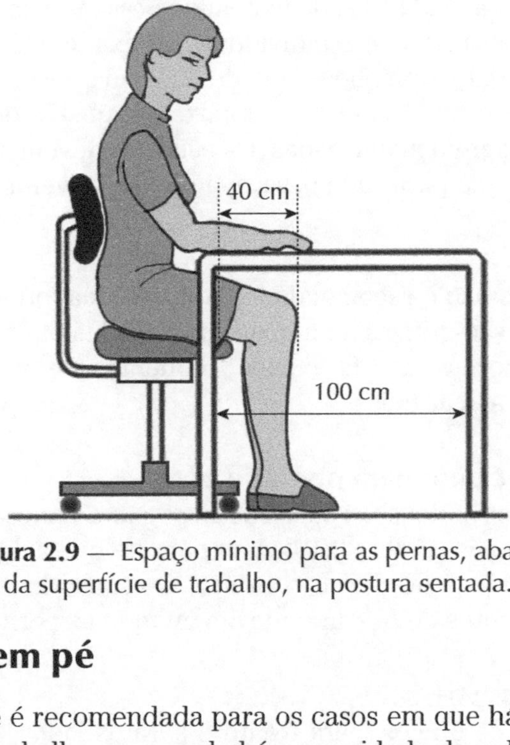

Figura 2.9 — Espaço mínimo para as pernas, abaixo da superfície de trabalho, na postura sentada.

2.2.2 Trabalho em pé

A posição em pé é recomendada para os casos em que há frequentes deslocamentos do local de trabalho ou quando há necessidade de aplicar grandes forças.

Alterne a posição em pé com aquela sentada e andando

Não se recomenda passar o dia todo na posição em pé, pois isso provoca fadiga nas costas e pernas. Um estresse adicional pode aparecer quando o tronco fica inclinado, provocando dores no pescoço e nas costas. Além disso, trabalhar com os braços para cima, sem apoio, provoca dores nos ombros.

As tarefas que exigem longo tempo na posição de pé devem ser intercaladas com outras, que possam ser realizadas na posição sentada ou andando. Deve-se permitir que os trabalhadores possam sentar durante as pausa naturais do trabalho. É o caso, por exemplo, de operadores de máquinas e vendedores em lojas. Também pode-se projetar postos de trabalho que permitam alternar a postura sentada com a em pé (ver Figura 2.11).

Ajuste a altura da superfície de trabalho em pé para a tarefa

A altura da superfície para trabalho em pé depende, como no caso do trabalho sentado, do tipo de tarefa, das dimensões corporais e das preferências individuais. A Tabela 2.3 apresenta alturas ótimas para superfícies de trabalho para diferentes posições em pé.

Ajuste a altura da bancada

Quando a mesma bancada é usada por várias pessoas, sua altura deve ser regulável. Para acomodar as diferenças individuais, a faixa de ajustes deve ser de pelo menos 25 cm. Isso acontece também quando a mesma pessoa deve trabalhar com peças de diferentes alturas. Nesse caso, a faixa de ajustes depende da diferença de altura das peças a serem manuseadas. Os usuários devem ser instruídos sobre a melhor altura da bancada para cada pessoa, a fim de prevenir a fadiga.

Não use estrados

O uso de estrados não é recomendado para trabalhadores em pé. Elas exigem um espaço adicional, são difíceis de limpar e incômodas para transportar. Não são práticas quando se necessitam de ajustes frequentes de alturas. Além disso, as pessoas costumam tropeçar nelas.

Reserve espaço suficiente para pernas e pés

Um espaço suficiente deve ser mantido livre sob a bancada ou máquina, para acomodar as pernas e pés (Figura 2.10). Isso permite que a pessoa se aproxime do trabalho, sem necessidade de curvar o tronco. O espaço livre deve permitir também mudanças frequentes de postura, movimentando as pernas e os pés.

Evite alcances excessivos

Os alcances com os braços, para frente e para os lados, devem ser limitados para evitar a inclinação ou rotação do corpo. Para isso, as ferramentas, peças e controles de uso mais frequente devem situar-se em frente e perto do corpo, dentro do envoltório apresentado na Figura 2.6.

Coloque uma superfície inclinada para leituras

Para leituras e outras tarefas que exigem um acompanhamento visual contínuo, a superfície deve ser inclinada, de forma semelhante a caso do trabalho sentado. Aqui também valem as recomendações das Figuras 2.7 e 2.8.

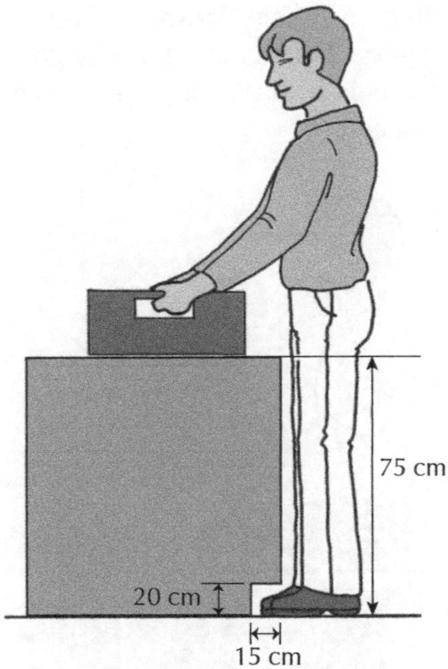

Figura 2.10 — Espaço mínimo para as pernas e pés, na postura em pé.

2.2.3 Mudanças de postura

Esta seção descreve meios para aliviar os problemas causados por posturas prolongadas, incluindo maneiras de variar as tarefas e atividades, construção de postos de trabalho que permitam alternar as posturas sentadas/em pé e o uso de um selim para apoiar as nádegas na postura em pé.

Proporcione variações das tarefas e atividades

O projeto e a organização do trabalho devem preocupar-se em introduzir variações nas tarefas e atividades, de modo a eliminar as posturas prolongadas. Para isso, pode-se aplicar o princípio do enriquecimento do trabalho (ver Capítulo 5).

Introduza trabalho com posturas alternadas sentado/em pé

Se uma tarefa tiver longa duração, o posto de trabalho pode ser projetado para que as atividades possam ser exercidas tanto na posição sentada como em pé. Para isso, a superfície de trabalho é dimensionada para o trabalho em pé. Em seguida, providencia-se uma cadeira alta, que permita realizar o trabalho sentado. Nesta postura, deve haver um apoio para os pés e um espaço para acomodar as pernas, abaixo da superfície de trabalho (Figura 2.11).

Alterne as posições sentadas

As posturas sentadas de longa duração podem ser variadas usando-se diferentes tipos de cadeiras. Há cadeiras operacionais com rodinhas e assento giratório que facilitam os movimentos corporais. Mesmo assim, recomenda-se alternar as posições sentada e em pé, de vez em quando. Para longos períodos sentados, deve-se permitir que a pessoa fique de pé para andar, de vez em quando, como acontece em viagens aéreas de longo curso.

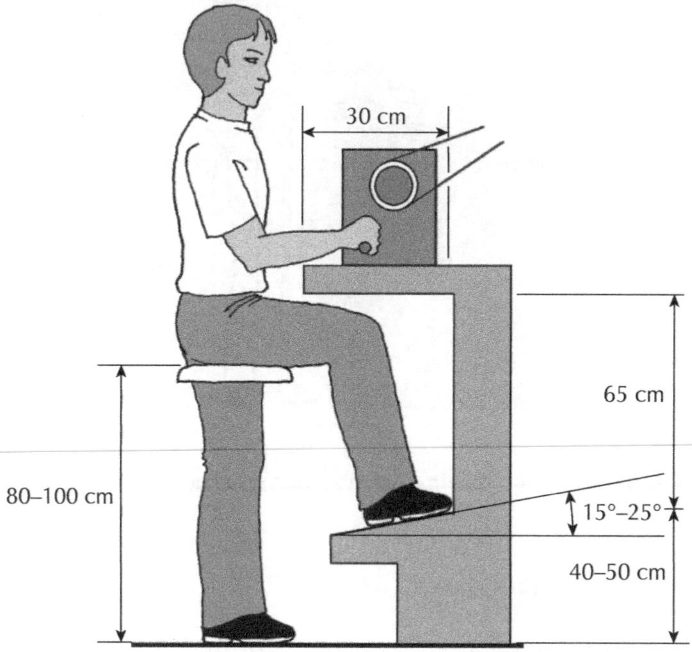

Figura 2.11 — Posto de trabalho que permite as posturas sentada ou em pé, alternadamente. Na postura sentada, deve haver um apoio para os pés com 40 a 50 cm de altura.

Use um selim para apoiar o corpo na posição em pé

Pode-se usar um tipo de selim com tripé para apoiar as nádegas na posição em pé. Esse selim consiste de um pequeno assento com altura regulável entre 65 a 85 cm e é inclinado para frente em 15 a 30 graus (ver Figura 2.12). Ele possibilita uma postura semissentada, servindo para aliviar a tensão nas pernas. Esse selim não pode ser usado por longos períodos e só é prático no caso de trabalhos em pé, sem necessidade de grandes forças ou movimentos extensos. O piso onde se apoia deve ter atrito suficiente para evitar que o mesmo se deslize. Em alguns casos, uma simples barra horizontal, para apoio das nádegas, apesar de incômodo, já pode proporcionar um alívio considerável.

2.2.4 Posturas das mãos e braços

O trabalho por longos períodos, usando as mãos e os braços em posturas inadequadas, pode produzir dores nos punhos, cotovelos e ombros. Quando o punho fica muito tempo inclinado, pode haver inflamação dos nervos, resultando em dores e sensações de formigamento nos dedos.

Figura 2.12 — Um selim pode ser usado para apoiar as nádegas na postura em pé de longa duração.

Dores no pescoço e nos ombros podem ocorrer quando se trabalha muito tempo com os braços levantados, sem apoio. Esses problemas ocorrem principalmente com o uso de ferramentas manuais. As dores se agravam quando há aplicação de forças ou se realizam movimentos repetitivos com as mãos. Em casos mais graves podem surgir lesões por traumas repetitivos, conhecidas como LER – lesões por esforços repetitivos, também chamadas de DORT – doenças osteomusculares relacionadas ao trabalho. Podem-se conseguir posturas melhores com o posicionamento correto para a altura das mãos (ver Tabela 2.3) e uso de ferramentas apropriadas (ver tópico seguinte).

Selecione a ferramenta correta

Existem muitos modelos de ferramentas. Selecione o modelo que melhor se adapte à tarefa e à postura, de modo que as articulações possam ser mantidas na posição neutra. A Figura 2.13 mostra formas erradas e certas de usar furadeiras e parafusadeiras elétricas.

Use ferramentas com empunhaduras curvas para não torcer o punho

Em vez de torcer o punho, usando ferramentas com cabos retos, é melhor usar ferramentas com empunhaduras curvas, que permitam conservar o punho reto (ver Figura 2.14). (N.T. Note que muitos utensílios domésticos como vassouras e rodos, e as ferramentas agrícolas, com a enxada e pá, têm cabo reto e provocam muitas dores nas costas dos usuários, quando poderiam ser substituídas por cabos curvos, permitindo melhor postura e aliviando o incômodo).

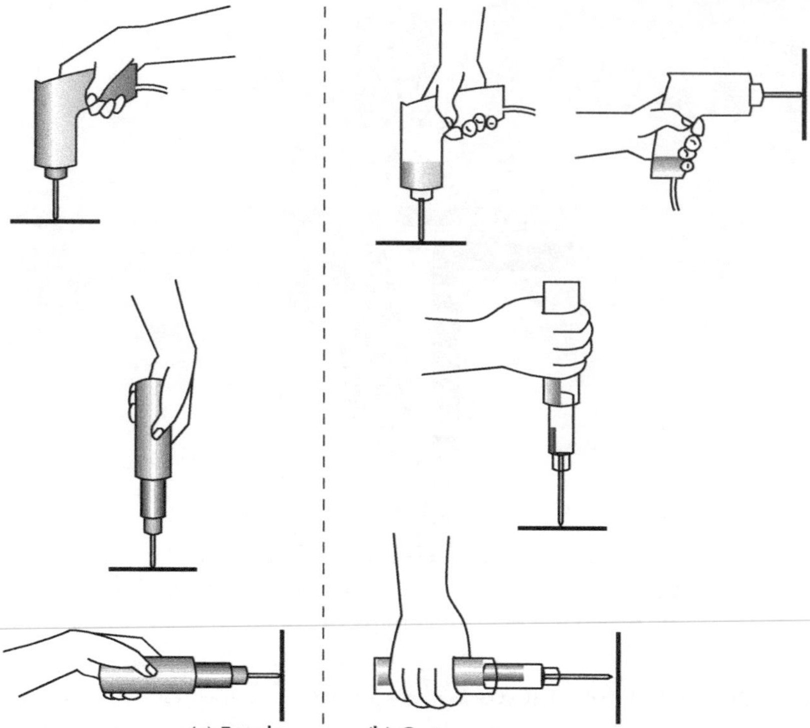

(a) Errado (b) Certo

Figura 2.13 — O punho deve ficar alinhado com o antebraço, no uso de ferramentas manuais.

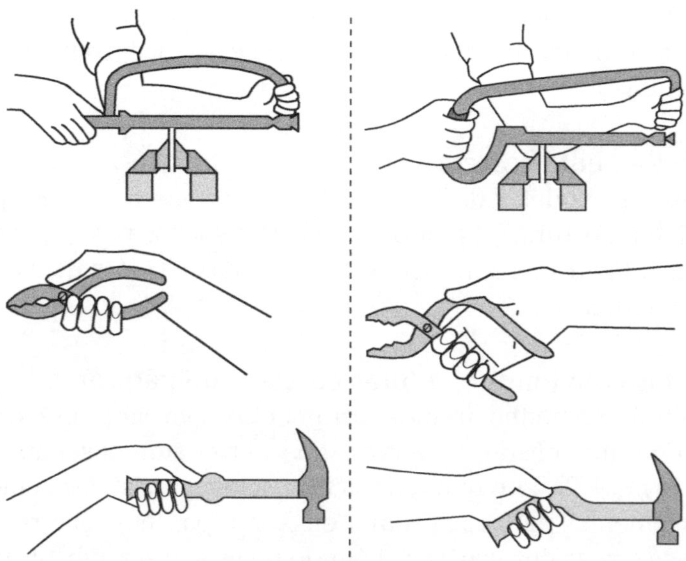

(a) Errado (b) Certo

Figura 2.14 — O desenho adequado das pegas de ferramentas contribui para aliviar as tensões nos punhos.

Alivie o peso das ferramentas manuais

As ferramentas manuais não devem exceder 2 kg. Para ferramentas de uso ocasional, que repousam em uma superfície, permitem-se pesos maiores. Contudo, deve ser limitado ao levantamento máximo de 23 kg (ver equação de NIOSH, mais adiante). Quando houver necessidade de usar ferramentas mais pesadas, elas devem ficar suspensas por contrapesos ou molas (Figura 2.15).

Faça manutenção periódica das ferramentas

A manutenção periódica das ferramentas pode contribuir para reduzir a carga de trabalho. Facas e tesouras sem fio e serrotes sem corte exigem muito mais força. Além disso, consomem mais energia e aumentam os ruídos, vibrações e riscos de acidentes (ver capítulo 4).

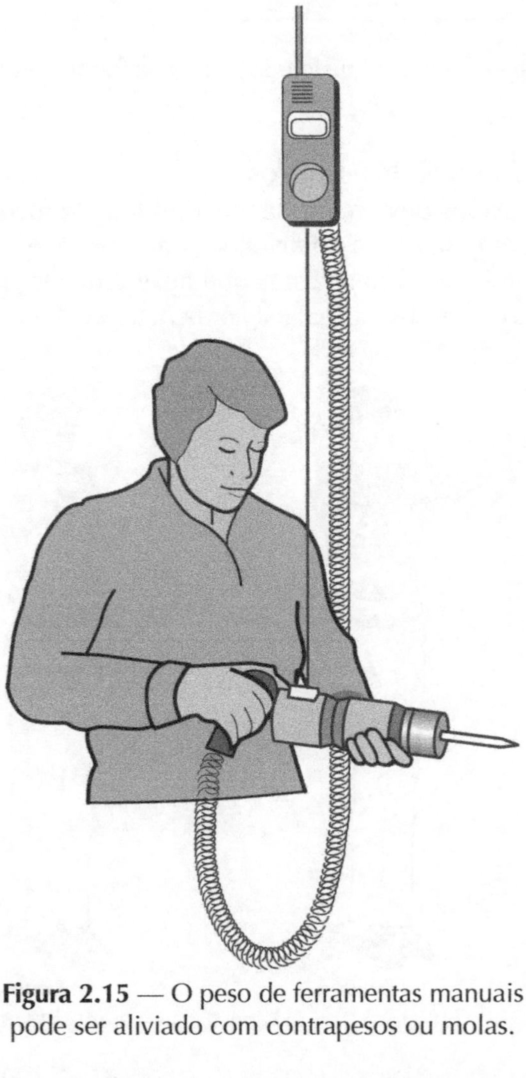

Figura 2.15 — O peso de ferramentas manuais pode ser aliviado com contrapesos ou molas.

Preste atenção na forma da pega

Pega é a parte da ferramenta ou máquina segurada com as mãos. A forma e a localização da mesma devem possibilitar uma boa postura para as mãos e os braços. A pega deve ter um diâmetro de 3 cm e um comprimento de 10 cm (Figura 2.16), para que se possa exercer maior força com a palma das mãos. Ela deve ser um pouco convexa para aumentar o seu contato com as mãos. Não se recomenda o uso de pegas anatômicas ou antropomorfas (com sulcos para encaixe dos dedos), porque os dedos podem ficar apertados, a mudança de posição fica mais difícil e não se adaptam ao uso de luvas.

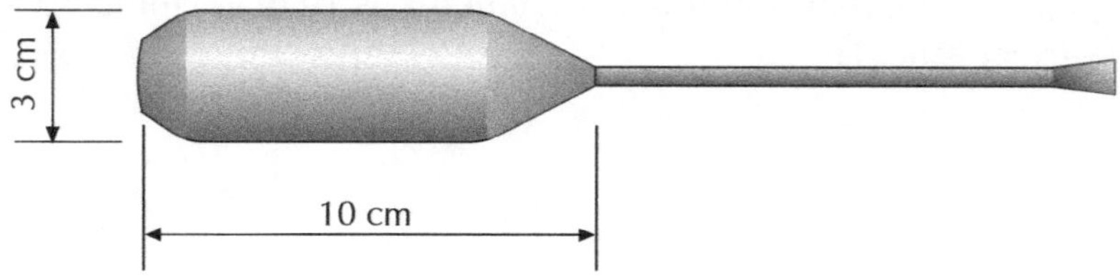

Figura 2.16 — Forma adequada da pega para ferramentas manuais.

Evite ações acima do nível dos ombros

As mãos e os cotovelos devem permanecer abaixo do nível dos ombros. Se for inevitável, a ação executada acima do nível dos ombros dever ter duração limitada. Isso ocorre, por exemplo, com eletricistas que fazem instalações no teto. Deve haver descansos regulares durante a realização da mesma (Figura 2.17).

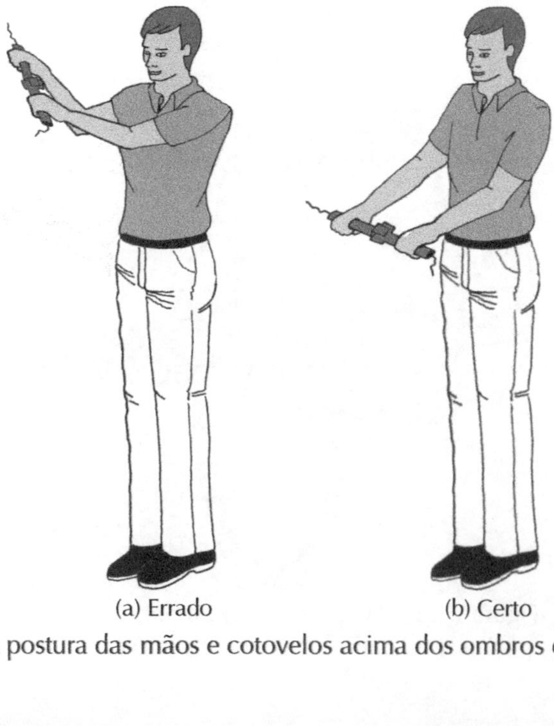

Figura 2.17 — A postura das mãos e cotovelos acima dos ombros deve ser evitada.

Evite trabalhar com as mãos para trás

Deve-se evitar o trabalho com as mãos para trás do corpo (Figura 2.18). Esse tipo de postura ocorre, por exemplo, quando se empurram objetos para trás, como ocorre com os caixas de supermercados. Essa postura pode ser evitada colocando--se uma esteira motorizada para movimentar os produtos.

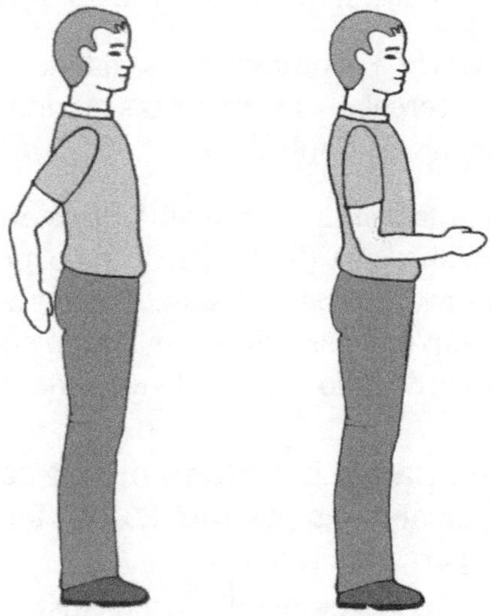

(a) Errado (b) Certo

Figura 2.18 — A postura com mãos e cotovelos para trás do corpo deve ser evitada.

2.3 Movimentos

Vários tipos de tarefas exigem movimentos do corpo todo, exercendo força. Esses movimentos podem causar tensões mecânicas localizadas. Com o tempo, acabam causando dores. Os movimentos também podem exigir muita energia, provocando sobrecarga nos músculos, coração e pulmões. Nesta seção são examinados os esforços para levantar, carregar, puxar e empurrar cargas.

2.3.1 Levantamento de cargas

O levantamento manual de cargas ainda é necessário, apesar da automatização. Este é uma das maiores causas das dores nas costas. Muitos trabalhos envolvendo levantamentos de cargas não satisfazem aos requisitos ergonômicos. Os principais aspectos a serem examinados para resolver esses problemas são: o processo produtivo (manual ou mecânico); a organização do trabalho (projeto do trabalho, freqüência dos levantamentos); o posto de trabalho (posição do peso em relação ao corpo); o tipo de carga (forma, peso, pegas); acessórios de levantamento; e o método de trabalho (individual ou coletivo).

Restrinja o número de tarefas que envolvam a carga manual

Os sistemas de produção devem ser projetados para uso de equipamentos mecânicos, a fim de aliviar o trabalho manual de levantamento de cargas. Nesse caso, deve-se tomar cuidado adicional com os problemas de postura e movimento. Estes podem incluir operações demoradas com máquinas e equipamentos e manutenções de difícil acesso. Além disso, o processo de mecanização pode criar outros problemas como ruído, vibrações, monotonia e dificultar os contatos sociais.

Se não for possível evitar os levantamentos manuais de cargas, frequentes e pesados, estes devem ser intercalados com outras atividades leves, aplicando-se o enriquecimento do trabalho (veja Capítulo 5).

No levantamento de cargas, assim como em outras atividades físicas, é importante que o ritmo de trabalho seja determinado pelo próprio trabalhador. Cada trabalhador tem um ritmo próprio de trabalho, em que ele se sente bem. Assim, devem-se evitar situações em que esse ritmo seja imposto pela máquina, pelos colegas ou pelos superiores, cerceando a sua individualidade.

Crie condições favoráveis para o levantamento de cargas

Se o levantamento manual de cargas (até 23 kg) for inevitável, é necessário criar condições favoráveis para essa tarefa:

- é necessário manter a carga próxima do corpo (distância da projeção horizontal entre a mão e o tornozelo com cerca de 25 cm);
- a carga deve estar colocada sobre uma bancada de 75 cm de altura, aproximadamente, antes de começar o levantamento;
- o deslocamento vertical da carga não deve exceder 25 cm;
- deve ser possível segurar a carga com as duas mãos;
- a carga deve ser provida de alças ou furos laterais para encaixe dos dedos;
- deve possibilitar a escolha da postura para o levantamento;
- o tronco não deve ficar torcido durante o levantamento;
- a frequência dos levantamentos não deve ser superior a um por minuto;
- a duração do levantamento não deve ser maior que uma hora, e deve ser seguida de um período de descanso (ou tarefas mais leves) de 120 por cento da duração da tarefa de levantamento.

Limite o levantamento de cargas para 23 kg, no máximo

Somente nas condições acima descritas, uma pessoa pode levantar 23 kg. Nos casos práticos, quando não existem todas essas condições, a carga deve ser reduzida (veja o tópico seguinte). A carga não pode exceder a alguns quilos, quando for apanhada longe do corpo para ser depositada em grande distância vertical.

Use a equação de NIOSH para estimar a carga máxima

A equação de NIOSH (desenvolvida pelo *National Institute for Occupational*

Safety and Health, dos EUA) pode ser utilizada para determinar a carga máxima em condições desfavoráveis.

Essa equação considera seis variáveis: as distâncias horizontais (H) e verticais (V) entre a carga e o corpo, a rotação do tronco (A), o deslocamento vertical da carga (D), a frequência do levantamento (F), e a dificuldade de manuseio da carga (M). Ela supõe que o trabalhador pode escolher a própria postura e que a carga é segura com as duas mãos. Assim, a carga máxima de 23 kg é multiplicada por seis coeficientes, que representam as variáveis acima:

$$\text{Carga máxima} = 23 \text{ kg} \times CM \times CH \times CV \times CF \times CD \times CA$$

Nas condições ideais, todos esses coeficientes têm valor igual a 1,00. À medida que se afastam dessas condições ideais, os valores vão caindo, tendendo a zero (ver Figura 2.19). O valor de CV cresce até a altura de 75 cm, porque esta é a posição mais conveniente para começar a levantar cargas. (N.T. A equação acima foi desenvolvida originalmente em 1981 por uma comissão de cientistas, a serviço do NIOSH, que se basearam em critérios biomecânicos, fisiológicos e psicológicos. A mesma foi revista em 1991 e uma nova equação foi estabelecida visando ampliar a sua aplicação).

A equação de NIOSH supõe que a maioria da população (99% dos homens e 75% das mulheres) não suporta cargas no dorso, superiores a 3.400 N (340 kg força), e que a energia gasta em meia hora de trabalho repetitivo é 260 W para levantamentos até a altura da bancada (75 cm) e 190 W para levantamentos acima da bancada. Nos casos em que as condições da equação de NIOSH não são satisfeitas (quando o trabalhador não consegue escolher o método de levantamento ou não for possível usar as duas mãos), os coeficientes a serem considerados serão ainda menores, reduzindo-se o valor da carga máxima.

Escolha um valor adequado para a carga unitária

O valor de cada carga (unidade de embalagem) deve ser escolhida cuidadosamente. De um lado, essa carga não deve superar o valor encontrado pela equação de NIOSH. De outro, não deve ser muito leve, pois isso estimularia o carregador a pegar diversas embalagens, simultaneamente, podendo superar o valor permitido. Além disso, são preferíveis cargas unitárias maiores com menos frequência, do que cargas menores e mais freqüentes, desde que não superem os valores calculados pela equação de NIOSH.

Projete adequadamente o posto para o trabalho pesado

O posto de trabalho, incluindo as bancadas, prateleiras, máquinas e outros, nas quais ocorrerão trabalhos pesados, deve ser projetado de acordo com as seguintes recomendações:

- deve ser possível aproximar a carga do corpo quando a mesma está sendo levantada ou depositada;

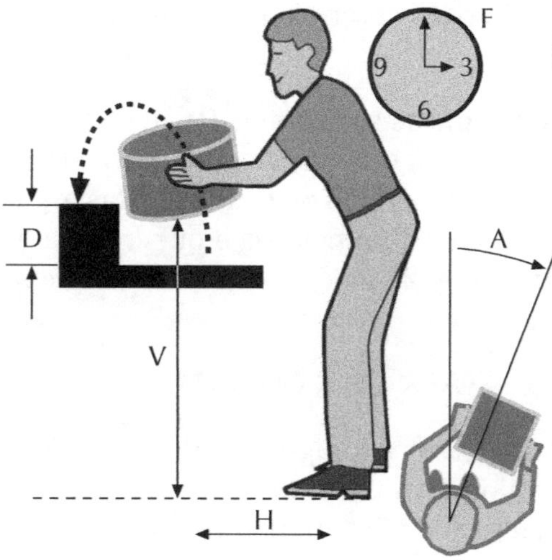

Equação de NIOSH

Carga máxima = 23 kg x CM x CH x CV x CF x CD x CA

H = Distância horizontal (cm)
V = Distância vertical (cm)
F = Frequência (levantamentos/min)
D = Deslocamento vertical da carga (cm)
A = Fator de assimetria (graus)
M= Fator de manuseio (fácil, regular, difícil)

CM = Coeficiente de manuseio

Manuseio	V<75 cm	V 75 cm
Fácil	1,00	1,00
Regular	0,95	1,00
Difícil	0,90	0,90

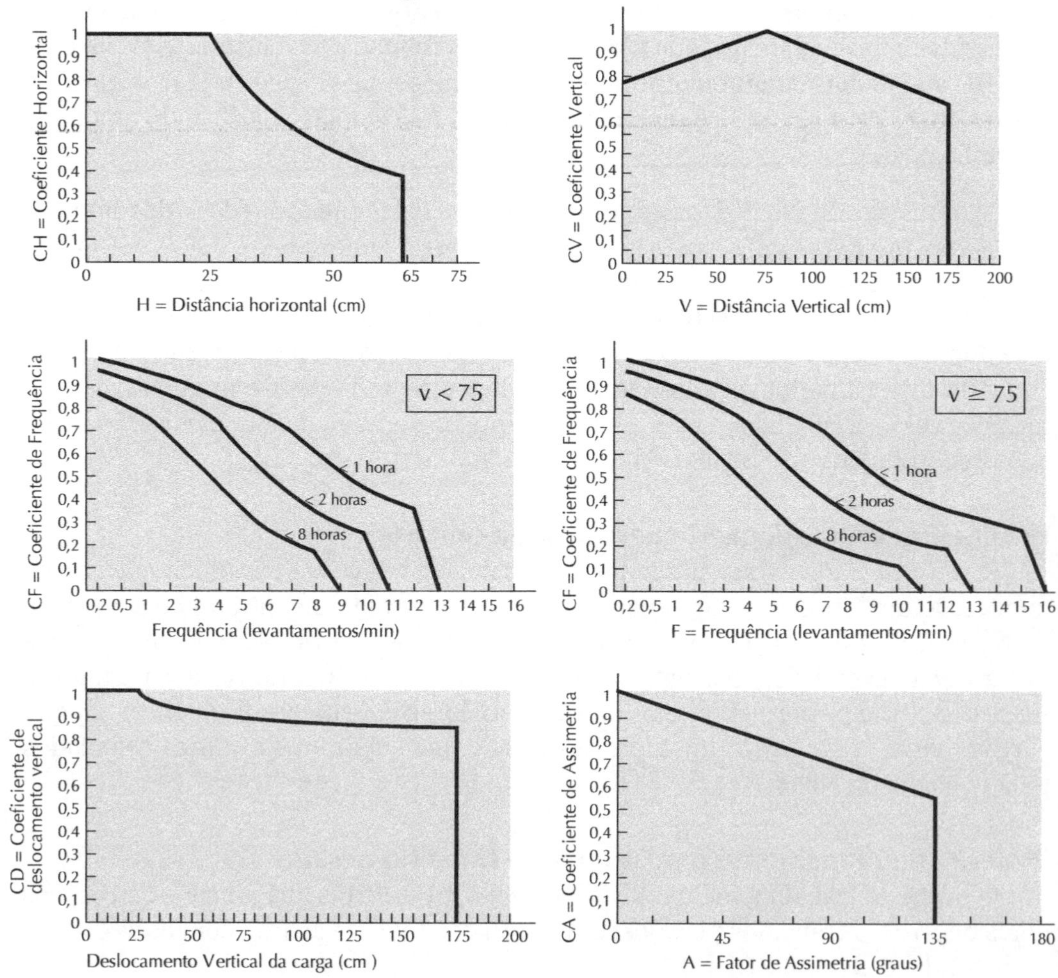

Figura 2.19 — A carga máxima permitida para levantamento de pesos em condições desfavoráveis pode ser determinada pela equação de NIOSH.

- os espaços disponíveis para os pés e pernas devem permitir uma postura estável para os pés e o dobramento das pernas;
- deve-se evitar a torção do corpo;
- as mãos devem situar-se a cerca de 75 cm de altura, encostadas ao corpo, para o levantamento e colocação da carga (ver gráfico CV na Figura 2.19);
- nos almoxarifados, os itens manipulados com maior frequência devem ficar depositados próximos da altura ideal de 75 cm e próximos do tronco.

Quando houver restrições ao projeto, de modo que essas condições não possam ser atendidas, o peso a ser manipulado deve ser menor.

Os objetos devem ter alças para as mãos

Os objetos a serem carregados devem ter duas alças ou furos laterais para o encaixe dos dedos. A carga deve ser segura com as duas mãos (ver Figura 2.20). O agarramento deve ser feito com a palma das mãos. O uso de apenas alguns dedos deve ser evitado porque assim se transmitem menores forças. As pegas devem ser arredondadas (sem ângulos cortantes) e posicionadas de modo a evitar que as cargas girem quando forem erguidas.

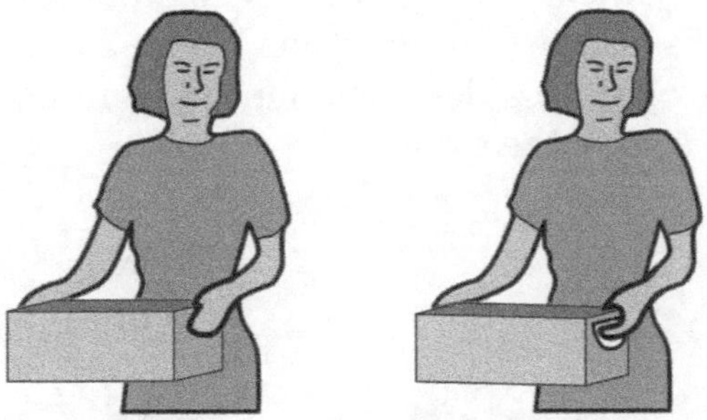

(a) Errado (b) Certo

Figura 2.20 — As caixas devem ter pegas em forma de alças ou furos laterais para facilitar o manuseio.

A carga deve ter uma forma adequada

O tamanho da carga deve ser pequeno o suficiente para que possa ser mantida junto ao corpo. O volume não deve ter protuberâncias ou cantos cortantes nem deve ser muito quente ou frio, a ponto de dificultar o contanto manual. A carga a ser levantada do chão deve ser posicionada entre os joelhos.

No caso de cargas especiais, como gases, líquidos perigosos ou pacientes de um hospital, é necessário planejar a operação e tomar cuidados especiais com a segurança. Quando a carga é desconhecida para a pessoa que vai carregá-la, é necessário colocar uma etiqueta, informando o peso e os cuidados necessários para a manipulação da mesma.

Use técnicas corretas para o levantamento de cargas

As pessoas envolvidas na manipulação de cargas devem ser treinadas. Muitas vezes, é difícil mudar hábitos arraigados de movimentação. Para isso, é necessário promover treinamentos intensivos e repetitivos nos seguintes aspectos:

- analisar a carga e o local para onde deve ser removida, considerando a possibilidade de usar um grupo ou equipamento auxiliar o para levantamento da carga;
- colocar-se bem em frente à carga, com os pés em posição estável, quando o levantamento deve ser feito sem nenhuma outra ajuda;
- segurar a carga firmemente, com a palma das mãos, e não apenas com alguns dedos, usando sempre os dois braços;
- levantar a carga mantendo a coluna reta, na vertical, conservando-a próxima ao corpo, evitando torcer o corpo e, se for necessário, mova a perna, mantendo o tronco ereto;
- usar a musculatura das pernas, que são mais potentes que as da coluna.

A última recomendação é muito importante para evitar as dores nas costas (ver Figuras 2.21 e 2.22). Inclinar ou girar o tronco durante o levantamento de carga pode provocar lesões nas costas. A carga da Figura 2.21 é de aproximadamente 20 kg. Inclinar o tronco, em vez de usar a musculatura das pernas, provoca um aumento de 30% na tensão sobre o dorso.

Figura 2.21 — O levantamento de pesos dever ser feito com o dorso na vertical, flexionando as pernas e mantendo a carga o mais próximo possível do corpo.

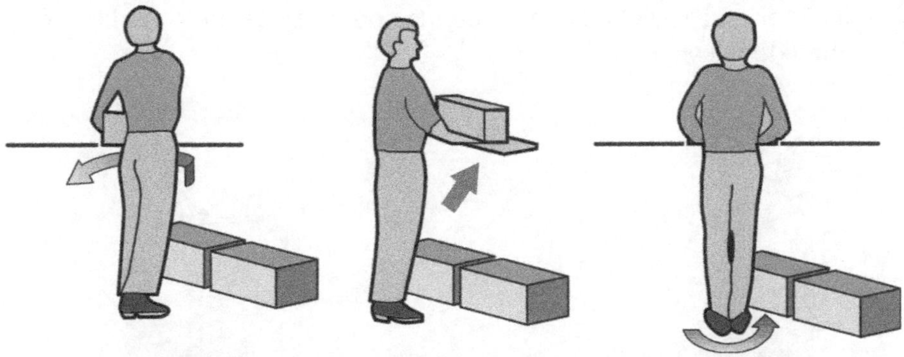

Figura 2.22 — Deve-se evitar a rotação do corpo durante o levantamento de peso. É melhor depositar a carga à frente ou girar o corpo com o movimento dos pés.

Use uma equipe para manipular cargas mais pesadas

As cargas superiores a 23 kg devem ser manipuladas por duas ou mais pessoas. Os membros dessa equipe devem ter estaturas e forças semelhantes entre si e devem trabalhar coordenadamente. Os movimentos a serem executados devem ser previamente combinados. Um deles deve assumir a coordenação, comandando os movimentos do grupo, de modo a evitar movimentos inesperados ou conflitantes entre si.

Use equipamentos para levantamentos de cargas

Existem muitos tipos de equipamentos para auxiliar e facilitar o levantamento e transporte de carga. Exemplos: carrinhos, alavancas, roldanas, polias, guindastes, paus de carga e outros (ver Figura 2.23). Sempre que possível esses equipamentos devem ser usados com o objetivo de aliviar o trabalho humano.

2.3.2 Transporte de cargas

Muitas vezes, após o levantamento, é necessário fazer o transporte manual das cargas. Geralmente, andar com uma carga, é mecanicamente estressante e envolve um custo energético. Enquanto se segura um peso, os músculos dos braços e das costas são submetidos a uma tensão mecânica contínua.

Limite a carga transportada

A carga máxima a ser carregada é determinada pela operação anterior de levantamento da mesma. Como já vimos na seção anterior, esta é limitada a 23 kg, podendo ser reduzida, devido a vários fatores já considerados na equação de NIOSH (Figura 2.19).

Conserve a carga próxima do corpo

A carga deve ser conservada o mais próximo possível do corpo, para diminuir a tensão mecânica dos músculos e o consumo de energia. Para isso, volumes mais compactos são preferíveis. O uso de mochilas ou correias pode ajudar a manter a carga próxima do corpo.

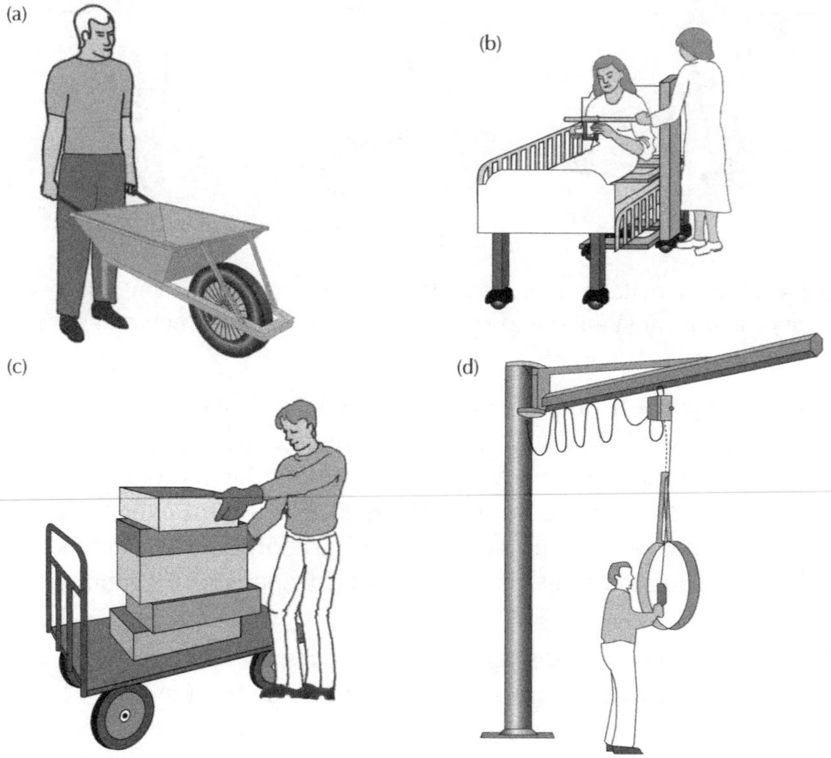

Figura 2.23 — Exemplos de equipamentos de levantamento e transporte de cargas.

Coloque pegas bem desenhadas

A carga deve ser equipada com alças ou pegas, que não devem ser muito finas nem devem ter ângulos cortantes. Em alguns casos, podem-se usar acessórios como um gancho, para ser encaixado na carga.

Evite carregar volumes desajeitados

A dimensão vertical da carga deve ser limitada. Uma pessoa carregando um volume muito alto, tende a erguer os braços, para evitar que o mesmo se esbarre nas pernas. Isso provoca fadiga adicional dos músculos dos braços, ombros e costas, além de dificultar a visão (Figura 2.24).

Evite carregar cargas com uma só mão

Quando se usa apenas uma das mãos para carregar uma carga, o corpo é submetido a uma tensão assimétrica. Exemplos bem conhecidos dessa prática são os alunos carregando pastas e os viajantes carregando malas. Pode-se dividir a carga em dois pesos menores ou usar uma mochila.

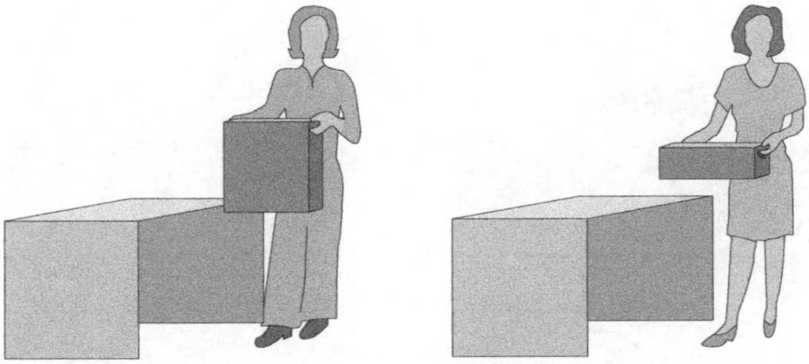

Figura 2.24 — Deve-se evitar o carregamento manual de volumes muito altos ou desajeitados.

Use equipamentos de transporte

Existem muitos equipamentos que podem substituir o transporte manual de cargas. Estes incluem rolos transportadores, correias transportadoras, plataformas móveis carrinhos e outros (Figura 2.25). Esses equipamentos acabam exigindo outros tipos de movimentos corporais, como levantar pesos, puxar e empurrar. Esses novos movimentos costumam ser menos cansativos que o transporte de cargas com as mãos.

2.3.3 Puxar e empurrar cargas

O movimento de puxar ou empurrar cargas provoca tensões nos braços, ombros e costa. Essas tensões podem ser aliviadas com um desenho adequado dos carrinhos.

Limite as forças para puxar e empurrar

Para colocar um carrinho em movimento, puxando ou empurrando, a força exercida não deve ultrapassar 200 N (cerca de 20 kg força). Embora a força exigida seja frequentemente maior, este limite é colocado para evitar maiores tensões mecânicas, principalmente nas costas. Para movimentos com durações superiores a um minuto, a força permitida para puxar ou empurrar cai para 100 N.

Na prática, isso significa que carrinhos com peso total superior a 700 kg, não devem ser movidos manualmente. Naturalmente, esse limite pode variar, dependendo do tipo de carrinho, tipo de piso, forma das rodas e assim por diante. Nos casos em que esse peso é ultrapassado, o carrinho deve ser motorizado, usando-se, por exemplo, empilhadeiras elétricas.

Use o peso do corpo a favor do movimento

A postura correta para puxar ou empurrar é aquela que permite usar o peso do próprio corpo a favor do movimento. Para puxar, o corpo deve pender para trás e, para empurrar, inclinar para frente. O atrito entre o calçado e o piso deve ser suficiente para permitir esses movimentos. Deve existir também espaço suficiente para as pernas para que essas posturas se tornem possíveis.

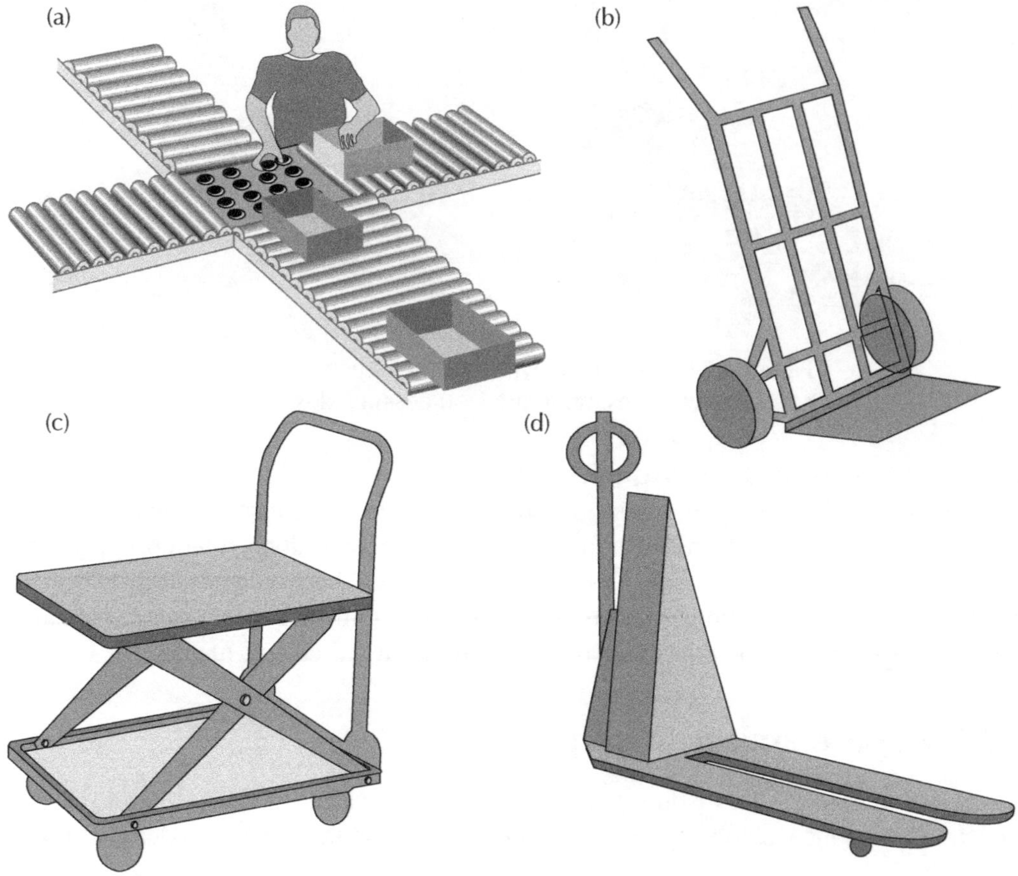

Figura 2.25 — Exemplos de equipamentos que podem substituir o transporte manual de cargas.

Para puxar ou empurrar, a distância horizontal entre o pé mais afastado e as mãos deve ser 120 cm, no mínimo. Para puxar, deve existir um espaço sob o carrinho para que um dos pés fique na projeção vertical das mãos (ver Figura 2.26).

Os carrinhos devem ter pegas

Os carrinhos devem ter pegas em forma de barras, de modo que as duas mãos possam ser utilizadas para transmitir forças. A Figura 2.27 apresenta as dimensões dessas pegas para puxar e empurrar. As pegas devem ser cilíndricas, com diâmetro de 3 cm e comprimento de 30 cm ou mais. As pegas verticais devem situar-se entre 90 a 120 cm do piso, para permitir uma boa postura tanto para puxar, como para empurrar.

O carrinho deve ter duas rodas giratórias

O carrinho, para trafegar em pisos irregulares, deve ter rodas grandes e largas. Duas rodas devem ser giratórias, para se garantir uma boa manobra. Elas devem ser colocadas no lado em que será exercida a força de puxar ou empurrar. A colocação de quatro rodas giratórias não é aconselhável, pois torna a trajetória do carrinho muito instável. A altura total do carrinho, quando carregado, não deve exceder a 130 cm, para que a maioria das pessoas possa enxergar sobre o mesmo.

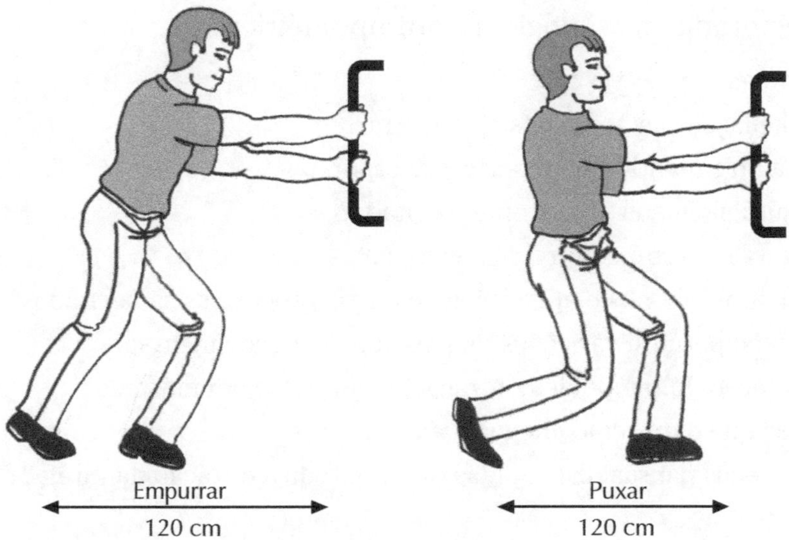

Figura 2.26 — Para empurrar e puxar, deve-se usar o peso do corpo a favor do movimento.

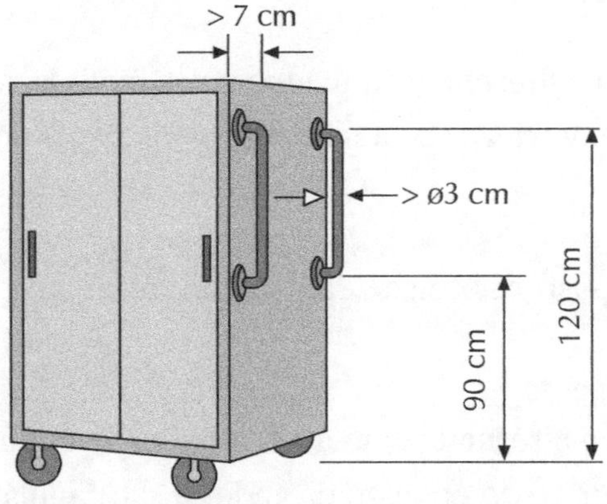

Figura 2.27 — Desenho recomendado de pegas para empurrar e puxar carrinhos.

O piso deve ser duro e nivelado

Se possível, o piso deve ser duro, sem depressões ou desníveis, como degraus e meio-fios. Se isso for inevitável, pode-se improvisar uma rampa. O carrinho, nesse caso, deve ser munido de pegas horizontais, para que possa ser erguido. O peso suportado não deve ultrapassar os limites já apresentados para o levantamento de cargas.

2.4 Lista de verificação sobre postura e movimento

Bases biomecânicas, fisiológicas e antropométricas

Biomecânicas

1 As articulações estão na posição neutra?
2 O trabalho é mantido bem perto do corpo?
3 A postura inclinada para frente é evitada?
4 A postura com tronco torcido é evitada?
5 Movimentos bruscos e aplicações de forças repentinas são evitados?
6 O trabalho permite variações de posturas e de movimentos?
7 Há limitação do tempo de contração contínua de um músculo?
8 Evita-se que o músculo chegue à exaustão?
9 Há pequenas pausas distribuídas durante toda a duração da tarefa?

Fisiologia

10 Há limitação da energia gasta em cada tarefa?
11 Há descanso para recuperação após um trabalho pesado?

Antropometria

12 São consideradas as diferenças individuais das medidas corporais?
13 As tabelas antropométricas são adequadas para a aplicação específica?

Postura

14 Foi selecionada a postura básica adaptada à tarefa?

Trabalho sentado

15 A postura sentada é alternada com aquela em pé e andando?
16 As alturas do assento e do encosto da cadeira são reguláveis?
17 Os ajustes da cadeira são em número limitado?
18 Os usuários são instruídos sobre a melhor forma de sentar?
19 As cadeiras têm características especiais adaptadas à tarefa?
20 A altura da superfície de trabalho é adequada à tarefa?
21 Há conjugação entre a altura da cadeira e a superfície de trabalho?
22 Existe apoio adequado para os pés?
23 Os alcances manuais fora dos limites são evitados?

24 Existe superfície inclinada para leituras e outras tarefas visuais?
25 Existe espaço suficiente para acomodar as pernas sob a mesa ou bancada?

Trabalho em pé

26 O trabalho em pé é alternado com aquele sentado e andando?
27 A altura da superfície de trabalho é adaptada à tarefa?
28 A altura da superfície de trabalho é regulável?
29 O uso de estrados é evitado?
30 Existe espaço suficiente para acomodar as pernas e os pés?
31 Os alcances manuais fora dos limites são evitados?
32 Existe superfície inclinada para leituras e outras tarefas visuais?

Mudança de postura

33 O projeto do trabalho prevê mudanças frequentes de postura?
34 O posto de trabalho permite trabalhar sentado e em pé?
35 Existem assentos para permitir variações da postura sentada?
36 Um selim é usado de vez em quando para apoio das nádegas?

Postura das mãos e braços

37 As ferramentas são adequadas para o tipo da tarefa?
38 As pegas das ferramentas permitem manter o punho reto?
39 As ferramentas manuais não são muito pesadas?
40 As ferramentas são bem conservadas (afiadas)?
41 As pegas das ferramentas têm forma adequada?
42 O trabalho acima do nível dos ombros é evitado?
43 O trabalho com as mãos atrás do corpo é evitado?

Movimentos

Levantamento de cargas

44 Há limites para as tarefas envolvendo levantamentos manuais de carga?
45 As condições para levantamento de cargas estão adequadas?
46 As pessoas estão levantando menos e até muito menos de 23 kg?
47 As cargas levantadas são calculadas pela equação de NIOSH?
48 As cargas unitárias a serem levantadas não são leves demais?
49 Os postos de trabalho estão adaptados ao levantamento de cargas?
50 Os volumes a serem levantados possuem pegas adequadas?
51 Os volumes têm formas convenientes?

52 São usadas boas técnicas de levantamento de carga?
53 Há uma equipe para levantar cargas muito pesadas?
54 São usados equipamentos auxiliares de carga?

Transporte de cargas

55 O peso do carregamento está dentro dos limites?
56 A carga é mantida tão próxima do corpo quanto possível?
57 Existem boas pegas?
58 A dimensão vertical do volume é limitada?
59 O carregamento com apenas uma das mãos é evitado?
60 Os equipamentos de transporte estão sendo usados?

Puxar e empurrar cargas

61 As forças para puxar ou empurrar estão dentro dos limites?
62 O peso do corpo é colocado a favor do movimento?
63 Existem pegas nos carrinhos?
64 Os carrinhos possuem duas rodas giratórias?
65 O piso é duro e nivelado?

CAPÍTULO 3

INFORMAÇÃO E OPERAÇÃO

No mundo moderno, um número cada vez maior de pessoas usa produtos e sistemas complexos. Isso exige interações que consistem em receber informações e atuar, baseando-se nelas. Essas interações podem ser esquematicamente descritas no modelo do sistema homem-máquina (Figura 3.1). Nesse modelo, o homem recebe informações da máquina e atua sobre ela, acionando algum dispositivo de controle.

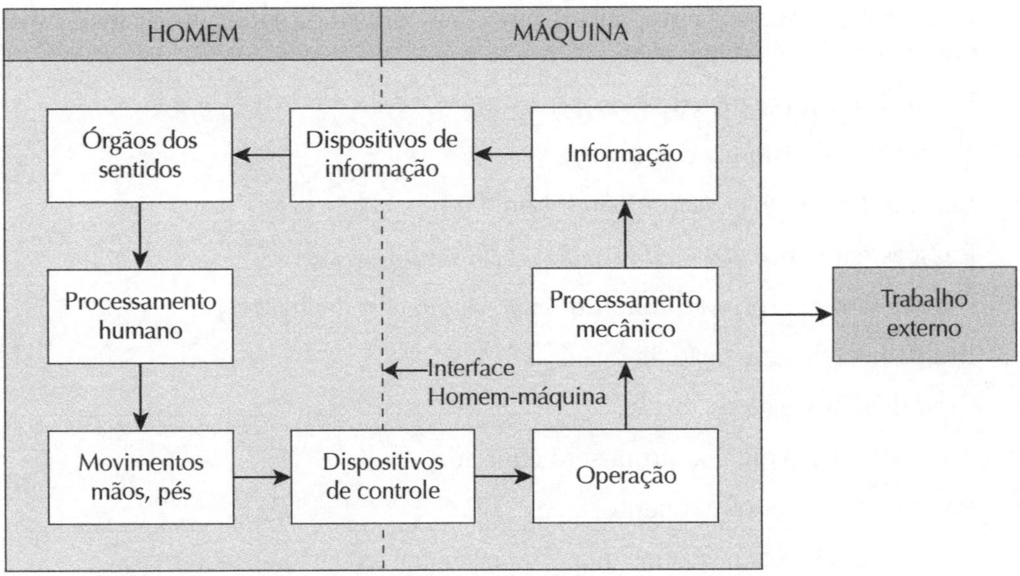

Figura 3.1 — O modelo do sistema homem-máquina mostra as interações entre o homem e a máquina.

Tendo em vista que os computadores estão presentes, cada vez mais, na vida diária das pessoas, muitas recomendações aqui apresentadas são relativas ao trabalho de computação. Entretanto, suas aplicações não se restringem ao campo da computação, como se pode ver pelos exemplos.

A fronteira entre o homem e a máquina é chamada de interface. Este capítulo vai tratar da otimização dessa interface, pela apresentação melhor de informações e facilitando-se os controles. As informações apresentadas e a operação exigida devem ser compatíveis entre si (chamada de diálogo). Com isso, pode-se garantir uma boa interação entre as informações apresentadas e os controles exercidos sobre a o sistema. Esses princípios são aplicados no projeto de modernos equipamentos informatizados

3.1 O usuário

Quando se elaboram programas de computador (ou sistemas de informação) é importante saber quem serão os seus usuários. As capacidades e limitações dessas pessoas determinarão as principais características da interface a ser projetada. As limitações dos usuários constitui-se em fator crítico, porque eles devem absorver informações complexas a velocidades cada vez maiores. Os projetos de ergonomia geralmente são direcionados para determinados grupos de usuários, chamado de público-alvo, que devem ser caracterizados da melhor forma possível.

Caracterize o público-alvo da melhor forma possível

Conhecer os usuários é um fator primordial para se projetar interfaces. As características mais importantes são:

- Faixa etária (presença de idosos);
- Nacionalidade (língua e cultura);
- Escolaridade (crianças que não sabem ler);
- Pessoas com necessidades especiais (cadeirantes, cegos);
- Experiências anteriores com tarefas e sistemas semelhantes;
- Frequência de execução da tarefa;
- Grau de motivação na tarefa;
- Ambiente físico onde a tarefa será exercida;
- Possibilidades de treinamento;
- Existência de outros grupos que operarão apenas parte do sistema.

Considere as diferenças culturais

Muitos produtos, hoje, são utilizados em locais distantes de onde foram fabricados e por povos de diferentes culturas. Essa internacionalização do comércio recomenda prestar atenção nos seguintes aspectos:

- Símbolos com diferentes significados de acordo com a cultura (exemplo: o gesto norte-americano de OK pode ser considerado ofensivo em culturas latinas);

- Símbolos bem conhecidos em algumas culturas podem ser desconhecidos em outras (exemplo: as caixas dos correios podem ter formas e cores diferenciadas em países diferentes);
- As cores podem ter significados diferentes (por exemplo, a cor vermelha pode conotar alegria na China e perigo no ocidente);
- Em muitos países, a leitura se processa da esquerda para direita, de cima para baixo. Em outros países, a leitura pode se processar da direita para esquerda.

Existem muitas outras diferenças culturais entre os povos. Especialmente quando se usam metáforas, é necessário verificar se a metáfora escolhida é familiar a todos os usuários.

3.2 Informações

As informações humanas são captadas principalmente pela visão. A audição e outros sentidos serão mencionados resumidamente.

3.2.1 Informações visuais

O olho humano é capaz de perceber simultaneamente uma grande quantidade de informações. Assim, o olho é a mais importante fonte de informações. Isso significa que uma pessoa com deficiência visual perde muitas informações ou só é capaz de assimilá-las muito lentamente.

A forma como são apresentadas essas informações deve ser adequada, tanto quanto possível, à capacidade de percepção dos olhos. Os livros de ergonomia apresentam as características de legibilidade de telas, livros, jornais e revistas. Algumas delas são reproduzidas aqui. As recomendações apresentadas são válidas também para preparar materiais de apresentação, como transparências, *slides* e projeções em multimídia.

Evite textos com todas as letras maiúsculas

Em um texto contínuo, as letras minúsculas são melhores que as maiúsculas. As letras com traços ascendentes (b, d, f, k, l, t) e aquelas com descendentes (g, j, p, q, y) se sobressaem e contribuem para formar a imagem da palavra (Figura 3.2). O leitor vê a palavra inteira em um único relance e não precisa reconhecê-la letra a letra. As maiúsculas devem ser usadas apenas no começo da sentença, em nomes próprios, títulos, siglas ou abreviaturas que sejam familiares ao leitor.

REVISTA	**Revista**
(a) Errado	(b) Certo

Figura 3.2 — Os textos que usam só letras maiúsculas não são muito legíveis.

Use tipos de letras simples

Os caracteres mais simples, despojados de enfeites, são mais legíveis. Para os títulos principais, um tipo sem serifa é preferível à letras com serifas. Serifa é um pequeno traço que aparece perpendicularmente nas terminações das letras. Em textos corridos, a serifa ajuda o olho a construir uma linha imaginária. Ver a Figura 3.3.

Tipos floreados	Tipos simples
(a) Errado	(b) Certo

Figura 3.3 — Os caracteres sem floreios são mais legíveis.

Evite confusão entre letras

Algumas letras são parecidas com outras e isso pode causar confusão, principalmente quando elas são apresentadas em mostradores. Essas confusões são causadas pelo formato semelhante entre certas letras e números (Figura 3.4). A confusão pode ser maior quando aparecem letras e números misturados, sem relações entre si, como no caso de códigos alfanuméricos. Quando há uma relação entre elas, por exemplo, quando formam uma palavra conhecida, essa confusão é menor.

Confusão mútua	Troca unidirecional
entre **O** e **Q**	**C** no lugar de **G**
entre **T** e **Y**	**D** no lugar de **B**
entre **S** e **5**	**H** no lugar de **M** ou **N**
entre **I** e **L**	**J**, **T** no lugar de **I**
entre **X** e **K**	**K** no lugar de **R**
entre **I** e **1**	**2** no lugar de **Z**
entre **O** e **0** (zero)	**B** no lugar de **R**, **S** ou **8**

Figura 3.4 — Evite confusão entre caracteres de formas parecidas.

As letras devem ter tamanho adequado

O tamanho recomendado para as letras depende da distância de leitura. Como regra prática, o tamanho das letras maiúsculas deve ser pelo menos 1/200 da distância de leitura. As projeções apresentadas em auditórios com 20 m de profundidade, devem ter letras com altura mínima de 10 cm na tela. Na tela do computador, as letras maiúsculas devem ter pelo menos 3 mm de altura. Em cartazes, para uma distância de 100 cm, a letra deve ter pelo menos 5 mm de altura. As letras maiúsculas na tela do computador devem ter pelo menos 3 mm.

As recomendações sobre proporções são apresentadas na Figura 3.5. Em geral, a altura e a largura das letras maiúsculas são baseadas na letra "O" e, para as minúsculas, também na letra "o". A largura do traço deve ser baseada em alguma letra com traços retos, como "F" ou "L".

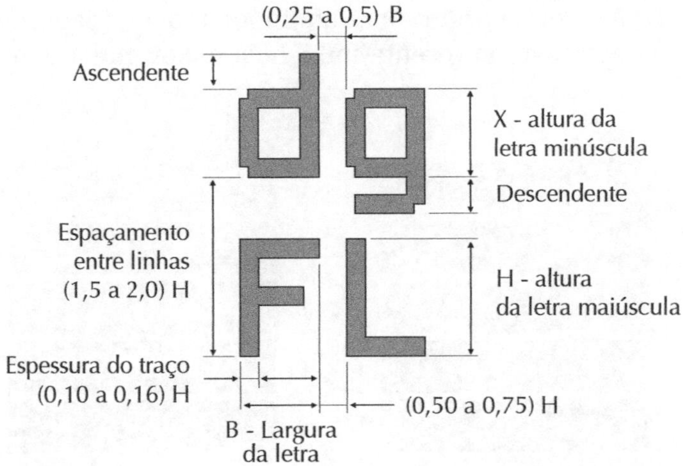

Figura 3.5 — Use letras com formas e proporções adequadas.

As linhas longas exigem maior espaçamento entre elas

O espaçamento entre linhas, ou seja, entre as linhas imaginárias sobre as quais se colocam as palavras, depende do comprimento das linhas. Quanto maior o comprimento, maior deverá ser também o espaçamento. Assim, o espaçamento em uma coluna de jornal pode ser menor que o de um livro (Figura 3.6). Como regra prática, esse espaçamento deverá ter pelo menos 1/30 do comprimento da linha. Se esse espaçamento for menor, o olho tem dificuldade para acompanhar uma linha do começo ao fim, podendo embaralhá-la com outra.

As distâncias entre as linhas, ou seja, entre as linhas imaginárias sobre as quais se colocam as letras, dependem do comprimento dessas linhas. O espaçamento entre linhas no jornal pode ser menor que no caso de livros. Recomenda-se que as distâncias entre linhas sejam pelo menos 1/30 do comprimento delas. Se as linhas estiverem muito próximas uma das outras, os olhos encontram dificuldades para segui-las do começo ao fim, podendo embaralhá-las.

As distâncias entre as linhas, ou seja, entre as linhas imaginárias sobre as quais se colocam as letras, dependem do comprimento dessas linhas. O espaçamento entre linhas no jornal pode ser menor que no caso de livros. Recomenda-se que as distâncias entre linhas sejam pelo menos 1/30 do comprimento delas. Se as linhas estiverem muito próximas uma das outras, os olhos encontram dificuldades para segui-las do começo ao fim, podendo embaralhá-las.

Figura 3.6 — Linhas longas requerem maior espaçamento entre elas.

Um bom contraste ajuda na legibilidade

O contraste é a diferença de brilho entre a figura e o fundo. Aumentando-se o contraste, há uma melhoria da legibilidade (Figura 3.7). No caso deste livro, por exemplo, a figura (letra) preta sobre um fundo branco (papel), apresenta um bom contraste. O contraste apresenta influência maior que a iluminação para a legibilidade.

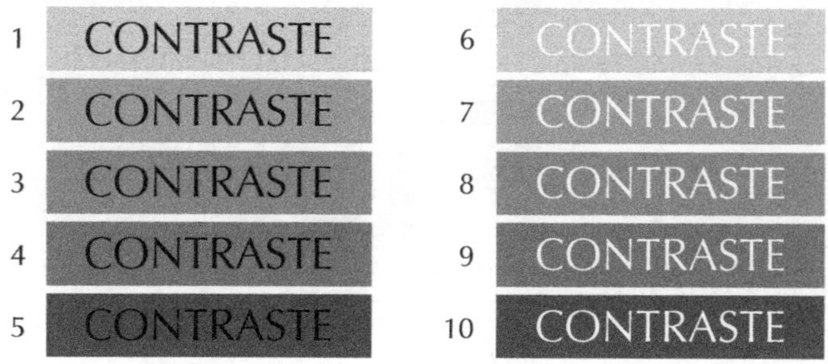

1 e 10 são mais legíveis.

Figura 3.7 — Escolha um bom contraste.

No caso de telas de computador, podem-se usar outras técnicas como imagens piscando ou mudando de cores. Contudo, não é aconselhável promover mudanças frequentes entre as cores das figuras e fundo (figuras escuras sobre fundo claro e o inverso, figuras claras sobre fundo escuro). Para o processamento de texto, em analogia com uma folha de papel branco, é preferível usar tela com letras pretas sobre fundo branco. No caso contrário, com letras claras sobre fundo escuro, o olho tem dificuldade de se adaptar. Além do mais, com a tela de fundo claro, pode-se reduzir o incômodo causado pelas oscilações da imagem.

Produza gráficos de fácil entendimento

Os gráficos podem ser usados para ilustrar um texto ou até mesmo para substituí-lo. O uso de gráficos foi facilitado com os programas de computadores. Com eles, mesmo aquelas pessoas sem habilidade para desenho, podem produzi-los sem dificuldades. Há muitas opções nessa área e sempre se consegue produzir um gráfico adequado para a informação que se quer transmitir.

Os gráficos devem ser simples para que possam ser entendidos por todos. A legibilidade deles é particularmente importante na confecção de transparências para projeções. Deve-se lembrar que o tamanho das legendas influi na legibilidade. Isso implica na redução da mensagem, colocando apenas as informações relevantes. As demais recomendações para construção de gráficos são:

- os títulos e legendas não devem aparecer apenas com letras maiúsculas;
- só use abreviaturas e siglas conhecidas;
- não permita que o computador corte as palavras aleatoriamente;

- o uso de cores e sombreamentos diferentes pode ajudar na separação de áreas;
- o uso de padrões ondulados (*moiré*) pode provocar vibrações ópticas;
- a marcação das escalas deve ser coerente com as unidades usadas, por exemplo, 0 a 100 para percentagens e 0 a 60 para minutos;
- as subdivisões da escala devem seguir o padrão 0, 1, 2, 3, 4, 5 ou 0, 5, 10, 15, 20 ou 0, 10, 20, 30, 40, 50 ou 0, 100, 200, 300, 400, 500. Para ângulos, usar: 0, 30, 60, 90.

Use símbolos com cuidado

Em princípio, os símbolos não estão vinculados a qualquer linguagem. Pode parecer uma boa ideia substituir palavras por signos ou ícones. Esses signos teriam uma vantagem adicional de serem compreendidos por analfabetos ou pessoas de diferentes línguas. Assim, seriam recomendáveis para avisos em locais públicos, onde circulam muitas pessoas. Observa-se, entretanto, que a maioria desses signos tem baixo nível de compreensão. As principais recomendações para a produção dos mesmos são:

- considere as diferenças culturais: uma simples imagem de uma faca cruzada com um garfo pode indicar, para alguns, apenas um barzinho e, para outros, um restaurante luxuoso;
- as pessoas já têm uma imagem mental sobre o significado dos símbolos: uma porta significa, para a maioria das pessoas, entrada e saída; para se restringir um desses movimentos, não se pode usar a mesma imagem;
- cada imagem deve transmitir apenas um conceito, nunca uma combinação de conceitos;
- símbolos muito estilizados, ou seja, aqueles que se afastam da realidade, são mais difíceis de ser entendidos; ser entendidos;

Em um programa de Internet, um farolete aceso significa busca de informação (*search*), mas esse ícone não tem uma relação direta com a sua função. O ícone para recarga (*reload*), com uma flecha virada para frente, também não é fácil de ser entendido, sem uma explicação adicional (Figura 3.8).

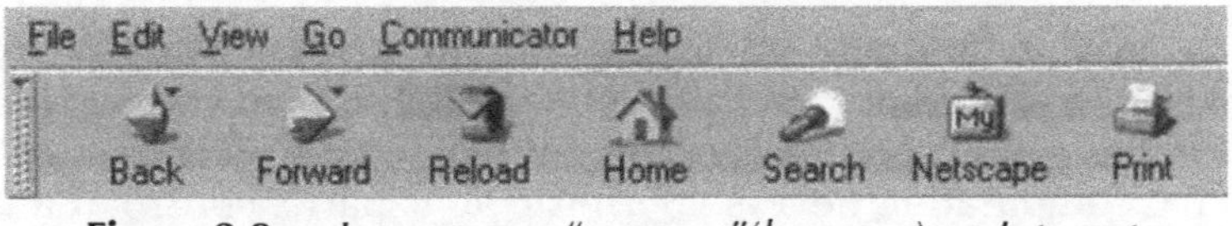

Figura 3.8 — Icones para "navegar"(*browser) na Internet.*

3.2.2 Audição

A audição é um sentido pouco utilizado nos sistemas de informação, exceto na comunicação falada. Apesar disso, quando a visão está sobrecarregada, pode-se desviar algumas informações para o canal auditivo. Contudo, não se recomenda o seu uso intensivo. Até mesmo os sons agradáveis podem tornar-se irritantes a longo prazo. O uso da fala pode parecer atrativo. É possível usar voz sintetizada por computador, de maneira que o usuário não perceba a diferença com a voz humana. As vezes, essa diferença é necessária, pois vai determinar a reação do ouvinte. Um exemplo é o serviço de resposta automática por telefone

Reserve os sons para sinais de alerta

O som é adequado para transmitir sinais de alerta, porque o mesmo se propaga em todas as direções. Os sinais luminosos têm a desvantagem de propagar-se em linha reta e só serem perceptíveis para quem esteja olhando para eles. Eles são facilmente interceptados por obstáculos. O som, ao contrário, tem mais facilidade de superar os obstáculos e pode ser audível a uma pessoa que esteja prestando atenção em outra coisa (buzina do carro). Em uma tarefa que consiste em monitorar um processo, para corrigi-lo quando ocorrem determinados eventos, não se deve usar apenas o sinal luminoso. Com o passar do tempo, a quantidade de sinais perdidos começa a crescer. A tarefa será melhor desempenhada se o sinal for emitido por uma campainha. Para assegurar um desempenho melhor, pode-se usar o sinal luminoso conjugado com o sonoro.

Selecione a frequência e intensidade do som

A frequência do som (grave ou agudo) está ligada ao comprimento de onda e, a intensidade, à energia transmitida. Baixas frequências (graves) são melhores para o som se propagar, superando cantos e obstáculos. Se a distância entre o emissor e o receptor for grande, o som deve ter maior intensidade, com frequências não muito altas. Um som de alta frequência (agudo) é melhor quando o ambiente já é dominado por outros sons de baixa frequência. É o que acontece, por exemplo, com as sirenes de ambulância, que tem um som estridente (agudo) para sobressairse sobre os ruídos ambientais. Quando o sinal emitido tiver frequência semelhante à do ruído ambiental, a sua percepção fica difícil e, nesse caso, diz-se que há um mascaramento. Para melhorar a audibilidade nesse caso, a intensidade da fonte deve ser aumentada. O sinal também pode ser intermitente (sirene de ambulâncias) para se diferenciar de um ruído contínuo no ambiente.

A voz sintetizada deve ter características ajustáveis

O computador tem mais facilidade de sintetizar a fala do que reconhecê-la. Na interação com o computador, deve-se permitir, ao usuário, controlar a fala do computador, da seguinte maneira:

- alterar a velocidade (mais lenta ou rápida);
- pedir para repetir a informação (número telefônico);
- interromper (pausa);
- mudar para outro tipo de apresentação da informação.

As tentativas para fazer a voz do computador confundir-se com a voz humana nem sempre são desejáveis. Em muitos casos, o interlocutor gostaria de saber se está sendo atendido por computadores ou por pessoas ao vivo.

3.2.3 Outros sentidos

Os seres humanos possuem outros sentidos, além da visão e audição. Para a ergonomia, interessam o olfato, paladar, tato, senso cinestésico e sensações térmicas. Esses sentidos podem ser usados para captar informações.

Use o olfato, paladar e temperatura só para sinais de alerta

O olfato, paladar e temperatura só devem ser usados na captação de sinais de alerta. Um exemplo é a adição de odores em gases venenosos. Eles devem ser usados apenas esporadicamente. Além disso, não se prestam à combinação de efeitos. Por exemplo, a mistura de dois odores pode tornar difícil diferenciá-los entre si.

Use o tato e o senso cinestésico para realimentações

O tato e o senso cinestésico podem ser usados para realimentar o sistema, através dos movimentos de controle, sobretudo, quando estes se realizam fora do campo visual. O senso cinestésico permite a percepção de movimentos corporais. Esses movimentos podem ser percebidos, mesmo que não tenham acompanhamento visual. É o caso de um motorista que consegue operar a alavanca de câmbio e os pedais, mesmo que não esteja olhando para eles. Em máquinas de calcular, no lugar do número 5, há uma pequena saliência para permitir a identificação tátil dessa posição (Figura 3.9). Para facilitar essas identificações táteis e cinestésicas, os controles podem ser diferenciados pela forma, acabamento superficial, textura, tipo de material ou direção dos movimentos.

Figura 3.9 — A posição das teclas deve ser identificável apenas pelo tato, sem necessidade da visão.

Use diferentes sentidos para informações simultâneas

As modernas tecnologias permitem a apresentação simultânea de uma grande quantidade de informações. Essas informações podem chegar ao organismo por diferentes canais sensoriais. Quando sinais simultâneos usam diferentes canais, geralmente não há maiores problemas. É o caso, por exemplo, de dirigir o carro com o rádio ligado. Já, quando essas informações se competem no mesmo canal, pode ficar difícil. Por exemplo, é difícil ler um manual ao mesmo tempo em que se controla um painel visual porque ambos dependem da visão. Nesse caso, os eventos do painel podem ser transformados em alarmes sonoros, para usar o canal auditivo, tornando possível a leitura simultânea. Em casos de maior responsabilidade, a mesma informação pode ser transmitida simultaneamente por mais de um canal, para aumentar a percepção. Por exemplo, as ambulâncias usam luz pisca-pisca junto com a sirene.

3.3 Controles operacionais

As pessoas podem transmitir suas ideias ou decisões à máquina, por meio dos controles operacionais, como botões, alavancas e volantes. Os sistemas computadorizados são controlados pelo teclado, *mouse*, *touch screens* e *joysticks*. Na simulação virtual e em jogos, os sensores de movimentos (*hands-free*) estão se tornando populares. Ao projetar os controles deve-se considerar que os movimentos musculares diferenciam-se pelas características de velocidade, precisão e força. Um controle que exija maior força deve ser acionado com a musculatura da perna ou dos braços, enquanto aquele que exige maior precisão, deve ser acionado com o movimento dos dedos. Em geral, são preferíveis controles que exijam menos força, mas não tão pequena, para evitar os acionamentos acidentais.

Os controles podem ser classificados em dois tipos. Um deles é de posição fixa, que geralmente faz parte do próprio instrumento ou máquina a ser controlada (por exemplo, o volante do carro e botões do fogão). Outra classe é dos controladores que podem ser operados a distância (controles remotos, sem fios, *hands-free*).

3.3.1 Controles fixos

Os controles devem ter formas diferenciadas, para que não sejam confundidos com outros, mesmo sem acompanhamento visual. Eles podem ser também diferenciados no material e rugosidade, para serem identificados por tato. O acionamento errado de controles pode provocar acidente, levando a sérias consequências.

Use teclados familiares

Os teclados do tipo QWERTY são usados há muito tempo e foram adotados como padrão em todo o mundo. Eles são assim chamados porque a primeira fila de letras começa com as letras Q-W-E-R-T-Y. Para teclados numéricos há três padrões internacionalmente aceitos: o teclado dos telefones que tem 1-2-3 na primeira fila, das calculadores que tem 7-8-9 na primeira fila, e o teclado linear, com todos os algarismos alinhados, como na linha superior do teclado de computador (Figura 3.10).

Figura 3.10 — Escolha um teclado numérico que não cause confusão.

Restrinja o número de teclas de função

As teclas de função podem ser usadas para que um comando não necessite ser digitado letra-a-letra. Contudo, essa função deve ser claramente entendida, em qualquer circunstância. É conveniente que as teclas de função sejam diferenciadas das outras, pelo tamanho, forma, cor ou posição. As teclas de função de formas semelhantes devem ser agrupadas em conjuntos de três ou quatro porque, assim, fica mais fácil distingui-las. Se elas fossem alinhadas em um único conjunto de 10 a 12, a confusão seria maior. Existem três tipos básicos de teclas de função:

- *funções fixas*, quando cada tecla tem um significado constante. Esse tipo de teclado é usado em funções como: partir/parar (*on/off*), avançar linha (*enter*), apagar (*delete*), imprimir e outros;
- *funções programáveis*, quando o próprio usuário atribui um significado específico a uma tecla. Isso pode ser feito quando há uma rotina frequentemente usada na operação de um sistema;
- *funções variáveis*, quando o significado depende do *software* em uso. Neste caso, é conveniente que o seu significado apareça na tela, ocupando uma posição correspondente à do teclado (Figura 3.11).

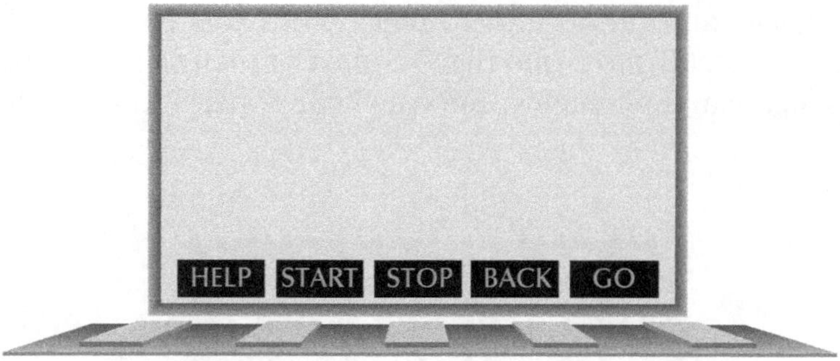

Figura 3.11 — Os teclados de função devem ter uma explicação clara na tela.

Adapte o tipo de cursor à tarefa

Os cursores devem ser adaptados às exigências das tarefas e suas características de velocidade, precisão e movimento. O movimento pode ser controlado por um *joystick*, dedos do usuário, lápis de luz, teclas de função ou um mouse. Para trabalho com texto, as teclas cursoras são adequadas para indicar posição, mas a sua localização relativa no teclado deve ser compatível com a direção dos movimentos (Figura 3.12).

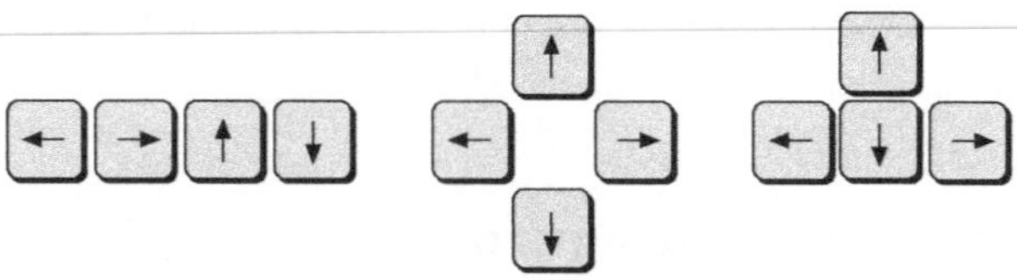

(a) Errado (b) Certo (c) Aceitável

Figura 3.12 — A posição relativa das teclas do cursor deve ser compatível com os movimentos que elas comandam.

Combine o uso do *mouse* com teclado

O uso exclusivo do *mouse* provoca sobrecarrega unilateral dos músculos e tendões de uma das mãos e do respectivo punho, braço e ombro. Isso pode provocar lesões por esforços repetitivos. Assim, recomenda-se alternar o uso do mouse com as funções acionadas pelo teclado. Por exemplo, use Ctrl-p para imprimir.

Touch-screens são recomendáveis para aparelhos portáteis

Touch-screens (o acionamento é feito colocando-se o dedo diretamente sobre a tela) são vantajosos para aparelhos portáteis, como os *tablets* (Figura 3.13). Deve-se evitar uso dos *touch-screens* no caso dos computadores de mesa e das caixas registradoras porque:

- os braços ficam esticados, em posição incômoda;
- as áreas a serem selecionadas na tela precisam ser relativamente grandes;
- a tela deve ficar próxima do usuário;
- a tela fica marcada pelos dedos (acumula sujeira).

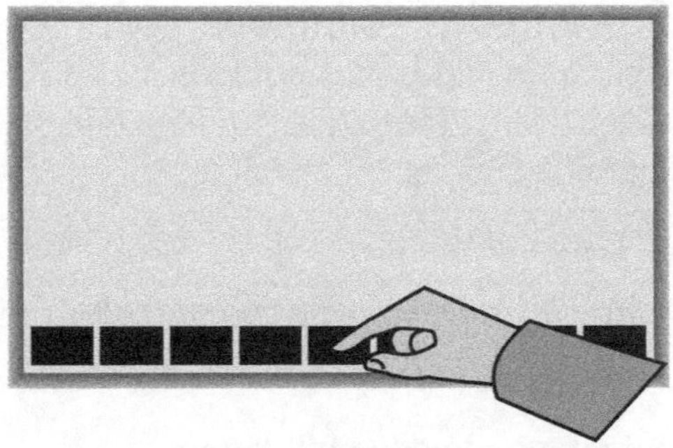

Figura 3.13 — Use *touch screens* principalmente para aparelhos portáteis.

Use pedais só quando o controle manual for inconveniente

Os pedais podem ser usados quando se quer transmitir grandes forças ou quando as duas mãos já estiverem ocupadas. Observa-se que os pedais só funcionam em um sentido (pressão) e o número deles não pode ser superior a três. Ao usar um pedal, a posição dos dois pés não pode diferir muito. O uso exagerado dos pedais deve ser evitado quando o trabalho se realiza em pé, pois tende a desequilibrar o corpo.

Evite acionamentos involuntários

O acionamento involuntário ocorre quando algum controle é ativado sem intenção. Isso acontece quando se esbarra “sem querer” com as mãos ou braços, e sua consequência pode ser desastrosa. Os acionamentos involuntários podem ser evitados ajustando-se o modo de operação (botões que precisam ser girados e não pressionados), localização (no carro, controles de luzes e pisca-piscas a certa distância do volante) ou colocando proteções em torno deles, como rebaixo ou guias (gatilho de revólver). Os riscos de acionamentos involuntários existem quando:

- os manejos podem ser movidos de várias maneiras, cada uma com um efeito diferente, como no caso de *joysticks* ou controles de luz do carro associados a luzes do carro;
- as teclas do tipo *touch screens* que não precisam ser pressionadas, mas apenas tocadas diretamente na tela.

A confusão aumenta quando as teclas de alta sensibilidade ficam muito próximas uma das outras. Em certos casos, os teclados podem ser substituídos por teclas de membranas, que apresentam uma configuração plana. Esse tipo de teclado deve ser usado apenas nos casos em que a sujeira (poeira, gordura) impede o uso de teclados mecânicos ou quando há necessidades higiênicas (equipamentos médicos, indústria alimentícia).

Tome cuidado no uso de letreiros e símbolos

O uso de letreiros e símbolos junto aos controles pode parecer uma boa idéia. Há muitas soluções possíveis. Entretanto, para que os mesmos tenham efetividade, devem ter as seguintes características:

- ter espaço suficiente para colocação dos letreiros e símbolos;
- estar localizada próxima ou sobre o próprio controle;
- ter iluminação suficiente para leitura;
- ter letras de tamanho adequado à legibilidade;
- usar palavras com significados conhecidos;
- usar de símbolos facilmente compreensíveis; e
- apresentar informação restrita ao significado do controle.

Um exemplo típico de letreiros sobre o próprio controle é o teclado. Embora muitas teclas sejam gravadas com letras maiúsculas, aquelas minúsculas aparecem na tela.

Limite o uso de cores

Embora o olho seja capaz de discriminar um grande número de cores, recomenda-se usar apenas cinco cores para aplicação em controles: verde, vermelho, azul, amarelo e laranja. Os seguintes aspectos também devem ser considerados:

- o contraste com a cor do fundo;
- as associações que se fazem com determinadas cores (vermelho para perigo, verde para segurança);
- as cores e luzes do ambiente (podem alterar a cor do objeto);
- as cores atraem a atenção e não devem ser usadas indiscriminadamente;
- as pessoas (daltônicas) que apresentam cegueira para certas cores.

Assegure compatibilidade dos movimentos

Os movimentos no mostrador devem ser compatíveis com os do controle (Figura 3.14). Os seguintes movimentos são considerados naturais (estereótipos populares) para se alcançar determinados resultados:

Ligar: para cima, para direita, afastando-se do usuário, sentido horário, puxando para fora.

Desligar: para baixo, para esquerda, aproximando-se do usuário, sentido anti-horário, pressionando.

Aumentar: para cima, para direita, afastando-se do usuário, sentido horário, resistência crescente.

Diminuir: para baixo, para esquerda, aproximando-se do usuário, sentido anti-horário, resistência decrescente.

Existem também alguns relacionamentos ambíguos, quase sempre devidos a hábitos arraigados. No acionamento do freio de um carro, por exemplo, o aumento da pressão no pedal está relacionado com a diminuição da velocidade.

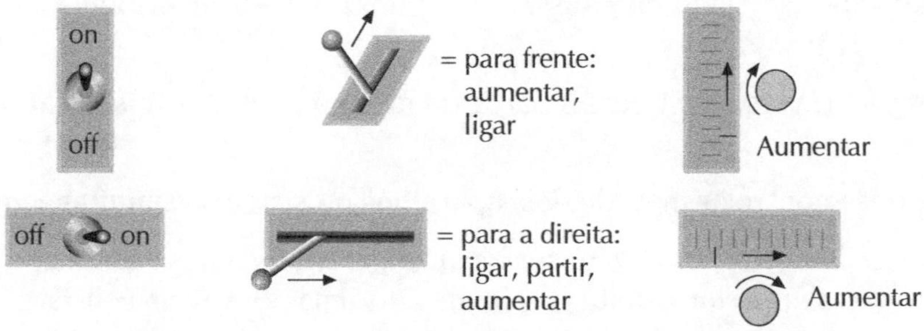

Figura 3.14 — Deve haver compatibilidade entre os movimentos dos controles e dos respectivos mostradores.

Compatibilize localização do controle com o seu objetivo

A localização do controle deve sugerir uma relação lógica com as respectivas informações ou efeitos. Já houve o caso de teclas localizadas logo abaixo das funções que controlavam. Um contra-exemplo é o dos fogões: o arranjo linear dos botões não tem correspondência com o arranjo dos queimadores, causando frequentes erros. Esses erros poderiam ser diminuídos colocando-se os botões com o mesmo arranjo dos queimadores, ou colocando-os próximos uns dos outros. Além disso, os movimentos de ligar/desligar contrariam o estereótipo popular.

3.3.2 Controles remotos

Os teclados e *mouses* modernos podem ser operados sem fio, com mais mobilidade e flexibilidade de uso, em relação aos modelos tradicionais.

Os controles remotos também oferecem novas funcionalidades. Muitos controles remotos são dotados de um grande número de pequenos botões contendo pequenos pictogramas que representam as suas funções. A aplicação desses controles é cada vez maior para operar equipamentos elétricos e eletrônicos. Uma nova geração emergente de controles remotos, chamados de controles sem as mãos, permite operação sem contato físico entre o corpo e o sistema, usando-se por gestos, olhares ou fala.

Use controle remoto para dar mais liberdade de ação ao usuário

O controle remoto é vantajoso no caso em que o usuário não quer ou não pode ter contato direto com o aparelho ou sistema controlado. As aplicações mais comuns são em aparelhos eletrodomésticos e alarmes de carros. Em indústrias, usam-se principalmente para controlar operações perigosas (explosões, gases tóxicos) ou de difícil acesso (pontes rolantes). Há uma nova geração de controles remotos que podem ser acionados por movimentos gestuais, visão ou fala, sem nenhum contato entre o corpo e o sistema (controle sem as mãos). As principais recomendações no uso de controles remotos são:

- a posição de uso (lado da emissão dos raios) deve ficar evidente pela forma (Figura 3.15);
- para operar diversos sistemas a partir do mesmo ponto, deve-se usar um único controle;
- não se deve controlar mais de dois aparelhos ou sistemas simultaneamente;
- as funções importantes devem ser localizadas em uma posição fixa, por exemplo, na parte superior direita. O significado delas deve ser consistente (liga/desliga ou *stand-by*).

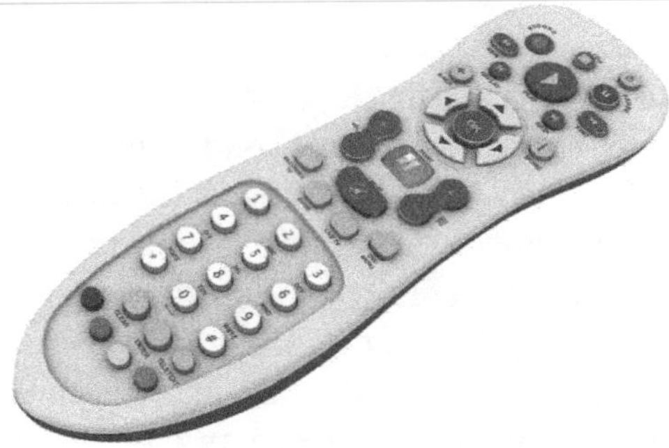

Figura 3.15 — O formato de um controle remoto deve indicar claramente de que lado deve ser usado.

Não use controles sem as mãos para informações precisas

Os controles sem as mãos (acionados por gestos, visão ou fala) são vantajosos porque liberam as mãos para outras tarefas. Também poderiam ser úteis para pessoas portadoras de deficiências. Contudo, só devem ser usados para transmitir um número limitado de comandos e, além disso, apresentam dificuldade para se introduzir correções.

Use reconhecimento da fala em ambientes silenciosos

O reconhecimento da fala é um tipo especial de controle, em que o computador reconhece certas palavras de comando. Contudo, só é aplicável em ambientes silenciosos ou quando o usuário usa um microfone. O vocabulário que o computador consegue reconhecer também deve ser padronizado, em número limitado.

3.4 Diálogos

Os usuários e os sistemas dialogam continuamente. Após uma operação (ação) do usuário, o sistema reage, exigindo uma nova ação do usuário e assim sucessivamente. O eficiência do diálogo, que é uma comunicação de mão dupla entre o usuário e o sistema, depende da usabilidade desse sistema. A usabilidade (operação amigável) depende do grau de ajustamento entre o usuário e o sistema.

3.4.1 Usabilidade

Usabilidade significa facilidade de uso ou uso "amigável". Ela ocorre quando o sistema considera as características e necessidades do usuário, para que as operações sejam satisfatórias e eficientes. Para isso, podem ser formuladas diversas recomendações.

Faça o diálogo compatível com a tarefa

O diálogo é considerado compatível com a tarefa, quando permite que o usuário alcance o objetivo de forma efetiva e eficiente. Algumas características típicas desse principio são:

- O sistema deve apresentar, ao usuário, apenas os conceitos relacionados com as atividades do usuário no contexto da tarefa em execução;
- Qualquer atividade necessária ao sistema, mas não relacionada com a tarefa do usuário, deve ser executada só pelo sistema;
- Os formatos de entrada e de saída devem ser especificados de modo que se ajustem à tarefa.

Faça o diálogo sustentável

Um diálogo é sustentável quando o sistema fornece, a cada passo, o retorno (*feedback*) de informações ao usuário ou quando explicita a informação adicional necessária para continuar a operação. Algumas características típicas desse princípio são:

- Após qualquer ação do usuário, o sistema gera imediatamente a informação de retorno (*feedback*);
- As explicações ou *feedbacks* gerados ajudam o usuário a ter um diálogo melhor com o sistema;
- Se houver erros, o usuário deve ser imediatamente informado, se possível, propondo-se alternativas para o prosseguimento (Figura 3.16).

Gráficos: Linha Horizontal

1 - Posição horizontal	Cheia
2 - Posição vertical	Linha de base
3 - Comprimento da linha	
4 - Largura da linha	0,013
5 - Sombreamento (5% de preto)	100%

Seleção: 0

Figura 3.16 — O sistema deve indicar os erros do usuário, dando orientações sobre as possíveis alternativas, para prosseguir.

Faça o diálogo controlável

O dialogo é considerado controlável quando o usuário tem possibilidade de direcionar o curso das interações até que o objetivo seja atingido. Algumas características desse tipo de diálogos são:

- A velocidade da operação não deve estar sob o comando do sistema;
- Deve haver possibilidade de se desfazer a última ação executada, com interações reversíveis;
- A forma de apresentar dados de entrada e de saída deve estar sob controle do usuário, não o obrigando a executar operações desnecessárias, por exemplo, digitar 000123 no lugar de 123.

O diálogo deve atender às expectativas do usuário

Um diálogo é consistente quando está de acordo com o grau de instrução, conhecimentos e experiências do usuário. Além disso, adota as regras e convenções usualmente aceitas. Esse tipo de diálogo caracteriza-se por:

- Os comportamentos exigidos no diálogo devem ser consistentes (sempre os mesmos comandos para as mesmas operações). Por exemplo, o término deve ocorrer sempre da mesma forma, seja com um *enter* ou *return* ou simplesmente nada;
- Os termos usados devem ser familiares ao usuário, com o uso de uma só língua. Evitar mistura de duas línguas como português e inglês, a não ser no caso de termos técnicos consagrados como *software* (Figura 3.17).

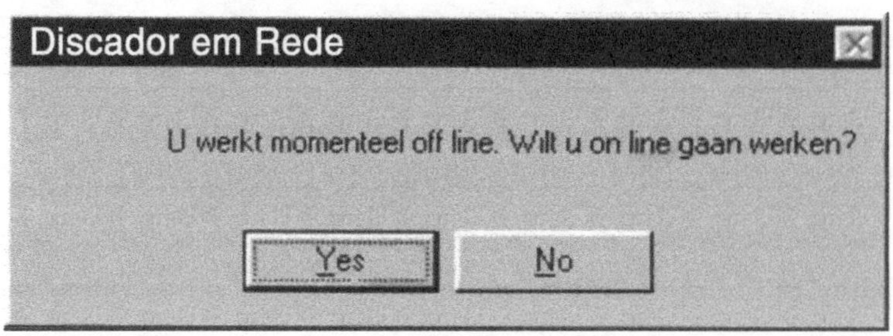

Figura 3.17 — O uso de línguas diferentes no programa causa confusões.

Faça o diálogo tolerante a erros

Um diálogo é tolerante a erros quando, apesar dos erros evidentes de entrada, o processo pode ser mantido com apenas algumas ou nenhuma correção até se chegar ao resultado. Para isso, deve ter as seguintes características:

- Os erros devem ser apresentados ao usuário, com orientações para que ele possa corrigi-los;
- O sistema deve ter dispositivos para prevenir erros do usuário;
- As mensagens sobre erros devem ser apresentadas de forma objetiva e construtiva. Elas não devem ter nenhum julgamento de valor do tipo "esta entrada não tem sentido" ou "você cometeu um erro grave".

Faça o diálogo adaptável aos usuários

Um diálogo é considerado adaptável aos usuários quando o sistema permite mudanças para se adaptar ao nível de conhecimento e necessidades individuais. As características principais desse tipo de diálogo são:

- A quantidade de explicações necessárias pode ser ajustada de acordo com o nível de conhecimento do usuário;
- O usuário tem possibilidade de incluir seu próprio vocabulário para designar objetos ou ações;
- O usuário tem possibilidade de modificar a velocidade do processo, de acordo com a sua própria velocidade de trabalho.

Faça o diálogo adaptável à aprendizagem

Um diálogo é adaptável à aprendizagem quando fornece meios, orientações e estímulos ao usuário, durante a sua fase de aprendizagem. As suas principais características necessárias são:

- Deve haver informações de ajuda (*help*) sempre que o usuário necessitar;
- O sistema deve ser organizado de modo a criar familiaridade, por exemplo, tendo padrão para localização de mensagens e uma distribuição (*layout*) constante dos elementos na tela. Um exemplo é o recado que aparece na tela de alguns programas (Figura 3.18).

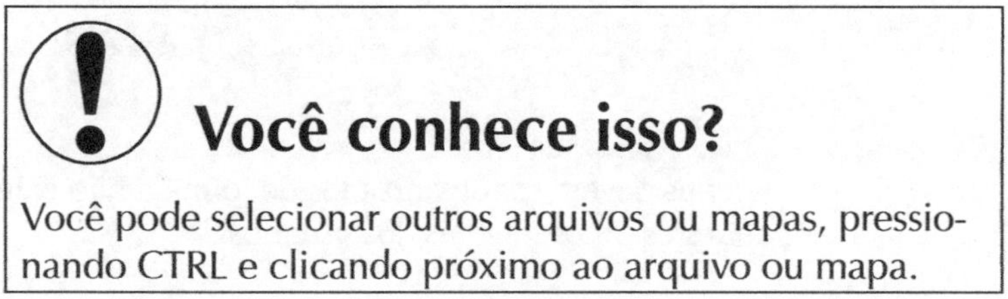

Figura 3.18 — As ajudas detalhadas contribuem para a compreensão do programa.

3.4.2 Diferentes formas de diálogos

O diálogo é o meio pelo qual ocorrem trocas de informações entre o usuário e o computador, durante o uso de um *software*.

Além dos computadores, diversos outros tipos de máquinas podem estar acopladas a monitores ou mostradores. Em algumas máquinas e equipamentos, eles são pequenos, contendo apenas algumas linhas (p. ex. nos telefones móveis). Portanto, as recomendações abaixo valem também para esses outros tipos de mostradores. A escolha do tipo adequado de mostrador vai depender da sua aplicação.

Use *menus* para operadores inexperientes

Em um *menu* são apresentadas diversas alternativas, para que o usuário possa escolher um curso de ação (Figura 3.19). A vantagem é que o usuário precisa de pouca experiência anterior para entender o sistema. Além disso, esse tipo de diálogo requer pouca digitação e pouco esforço mental. Se o diálogo for interrompido, o sistema imediatamente fornece orientação para continuá-lo. Contudo, os operadores experientes acham que perdem muito tempo, percorrendo muitas etapas, passo a passo. Eles reclamam que são obrigados a ler muitas informações sem necessidade. A seleção é feita mais rapidamente quando o menu se restringe a sete alternativas, no máximo.

Se todas as alternativas de um *menu* não couberem em uma única tela, pode-se organizar uma hierarquia em forma de árvore. Considerando que apenas uma parte dessa árvore é apresentada em cada tela, há possibilidade de o usuário seguir por caminhos errados. Para evitar isso, as hierarquias complexas devem ser evitadas.

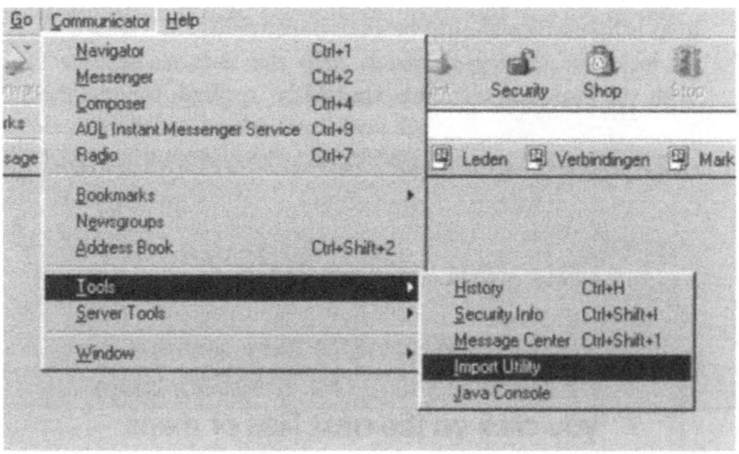

Figura 3.19 — Os menus devem ser organizados de forma a não exigir grandes esforços mentais dos usuários.

Considere as limitações do formulário

O formulário apresentado em computador é semelhante ao de papel. Contém alguns campos já preenchidos (campos protegidos), contendo as questões ou instruções. O usuário deve preencher os campos livres, respondendo às questões. Tem a desvantagem de exigir muita manipulação do cursor, para colocar as informações nos respectivos campos. Em geral, os formulários não apresentam diálogo flexível, pois os dados devem ser preenchidos em uma sequência fixa. Os formulários flexíveis, permitindo avanços, retornos e correções são melhores.

Restrinja o uso da linguagem de comando aos experientes

Na linguagem de comando, o usuário deve digitar uma certa combinação de teclas para trabalhar com o sistema. Para isso, o usuário emprega alguns termos cifrados, sem significado aparente, como CA.PIP.37@.

O usuário deve conhecer o significado dos vários comandos e os efeitos que os mesmos produzem. Isso exige um razoável esforço mental e é praticamente inacessível aos que não conhecem bem o sistema.

Faça a manipulação direta ser consistente

Os modernos sistemas permitem a manipulação direta, apresentando imagens visuais na tela. Essas imagens podem ser selecionadas, removidas, deslocadas ou alteradas. Grande parte dos programas da *Microsoft Windows* e da *Apple Macintosh* é baseada nesse tipo de diálogo. Contudo, nem sempre as instruções são claras. No caso da *Windows*, o menu de partida causa confusão devido à mistura de verbos com substantivos.

Considere as desvantagens e desvantagens da linguagem natural

Com o uso da linguagem natural, o usuário interage com o computador como se estivesse conversando com outra pessoa. Esta forma de comunicação (conversa) funciona bem entre as pessoas. Mas, quando é aplicada em computadores, apresenta mais desvantagens que vantagens.

Para que a comunicação em linguagem natural seja possível, é necessário que o usuário e o computador usem um vocabulário padronizado. Não se pode usar sinônimos. Por exemplo, não se pode falar "dê um tempo" no lugar de "pare". A linguagem natural exige maior número de palavras que a linguagem de comando (Figura 3.20). Além disso, a linguagem natural é frequentemente vaga e ambígua. Outro problema é que o usuário passa a confiar muito no sistema e este pode falhar quando menos se espera.

Computador: Qual é a passagem?
Usuário: Quero ir para Brasília esta noite.
Computador: Pode repetir o destino?
Usuário: Brasília.
Computador: De São Paulo para Brasília?
Usuário: Não.
Computador: De onde você vai partir?
Usuário: Rio de Janeiro.
Computador: De Rio de Janeiro para Brasília?
Usuário: Sim.

Figura 3.20 — Os diálogos em linguagem natural requerem realimentações adicionais.

3.4.3 Ajudas

As dificuldades no uso de ajudas (*help*) geralmente são consideráveis, pois o usuário não acompanhou o raciocínio desenvolvido pelos projetistas do sistema ou produto. Muitos fabricantes de equipamentos tentam superar esse problema fornecendo volumosos manuais aos usuários. Contudo, parece que essa não é uma boa alternativa, pois os manuais são de difícil consulta e, muitas vezes, não se encontram disponíveis quando se precisa deles. A ajuda nem sempre deve estar apenas no papel. Sempre que possível, deve estar inserida no próprio sistema. Esse tipo de ajuda permite consultas mais rápidas.

Adapte a ajuda à experiência do usuário

Para ser mais efetivo, o tipo de ajuda (*help*) deve ser adaptado ao grau de experiência do usuário. Os usuários novatos e aqueles experientes costumam ter diferentes tipos de dúvidas. Esses diferentes tipos de *help* devem ser apresentados em paralelo (Tabela 3.1) porque um determinado sistema nunca é acessado apenas por um determinado tipo de usuário, mas por uma variedade deles.

Tabela 3.1 — As ajudas (*help*) devem estar adaptadas ao nível do usuário.

Usuário novato	Usuário experiente
Comandos de *help* e explicações adicionais sem uso de jargões	Comandos de *help*
Sem jargões de computação	Uso de jargões de computação
Exemplos de aplicação	Anotações matemáticas
Sugestões de correção	Mensagens de erro
Feedbacks frequentes	Sem necessidade de *feedbacks*
Tela do trabalho visível junto com o *help*	Tela só com o *help*
Help orientado para o usuário	*Help* orientado para computação

3.5 Projeto de *websites*

Um número cada vez maior de informações é disponibilizado pelos *websites* pela Internet ou Intranet (redes internas de informações). Muitas pessoas e organizações estão envolvidas na elaboração de websites, que usam ferramentas amplamente disseminadas. Devido ao rápido avanço tecnológico, é recomendável utilizar recomendações específicas contidas em livros recentes sobre web ou disponibilizadas na Internet pela *World Wide Web Consortium* (W3C).

Antecipe o comportamento do usuário no *site*

Um das melhores formas de antecipar o uso do *site* é pela observação de um novato (sem experiência) procurando uma informação para executar uma certa ação ou encomendando um produto. Os seguintes eventos podem acontecer:

- Uso do *site* de forma errada;
- Dificuldades de ler ou compreender o texto;
- Dificuldades de usar os controles regulares, como o teclado ou *mouse*;
- Uso de tela minúscula ou conexão lenta;
- Dificuldades com a linguagem escrita no *site*;
- Ambiente inadequado para a percepção visual, auditiva;
- Ambiente inadequado para a digitação;
- Versão desatualizada no navegador (*browser*).

Faça o website acessível com uso de diferentes tipos de *hardware* e *software*

Nem todos os usuários tem capacidades e facilidades para navegar nos diversos formatos dos *websites*. O conteúdo de um *website* deve ser acessível a todos os tipos de usuários, usando-se uma linguagem simples e clara. Assim, um *website* deve ser projetado de modo que:

- Os textos sejam compostas de pequenas sentenças para permitir acesso em pequenas telas;
- Faça uso da linguagem natural, sem abreviaturas pouco compreensíveis;
- Evite uso exclusivo de código de cores (as cores podem aparecer distorcidas e há pessoas daltônicas);
- Os conteúdos auditivos e visuais possam ser convertidos em texto (para permitir acesso aos surdos e cegos);
- As tabelas possam ser convertidas em outros formatos.

Faça conteúdos inteligíveis e navegáveis

O *website* deve usar mecanismos de fácil nagevação (*browsing*) tanto dentro, como entre as páginas. É particularmente difícil ter uma visão do conjunto quando se tem acesso a apenas uma parte da página, como aparece nas telas reduzidas ou imagens muito ampliadas. Para melhorar a intelibilidade deve-se:

- Manter métodos coerentes de navegação (p. ex. setas à esquerda para indicar retorno);
- Apresentar mapas ou roteiros para mostrar a estrutura global do site;
- Aplicar códigos coerentes para certas características (itálico, sublinhado, letras maiúsculas, entre aspas, uso de cores).

3.6 Interação móvel

As comunicações entre pessoas e entre estas com as máquinas são feitas cada vez mais com a interação móvel. As principais aplicações incluem o telefone móvel, computadores portáteis e sistemas de navegação em carros.

Simplifique conteúdos da interação móvel

A interação móvel utiliza equipamentos contendo uma pequena tela, teclados planos ou muito pequenos, e outros controles como voz ou lápis. Seus usuários conseguem ler e interagir com conteúdos simples, ou seja, pequenos blocos de material com navegação simples. Para funções mais complexas ou conteúdos mais extensos, o projeto exige maior atenção.

Adapte o *layout* da tela e a navegação às necessidades dos usuários

Aplique as seguintes recomendações para projetar as interações móveis:

- Simplifique as interações, reduzindo-se as informações ao mínimo necessário;
- Projete o conteúdo próprio para uso em interação móvel;
- Faça distinção entre conteúdos locais e aqueles remotos;
- Permita localizar as informações essencias em poucos passos.

3.7 Realidade virtual

Realidade virtual é um ambiente gerado por computadores e é muito usado em simulações. Quando a realidade virtual aparece combinada com o mundo real, chama-se realidade ampliada. Por exemplo, em simuladores de vôo, os pilotos reais são treinados em um ambiente virtual. A realidade virtual é muito aplicada em jogos por computador. A seguir, são apresentadas algumas recomendações para melhorar a usabilidade da realidade virtual.

Escolha uma forma adequada de manipulação

Há diversos métodos para manipular objetos na realidade virtual, cada um com características próprias. A escolha entre eles depende da similaridade que se quer com o mundo real.

- Direcione o uso dos controles e gestos de acordo com o mundo real. Por exemplo, no jogo de tênis, o jogador deve movimentar as mãos e braços como se estivesse batendo na bola com a raquete;
- Permita contato físico com partes do sistema, tais como o volante para simular corridas de carro.
- Permita manipulação virtual de alguns objetos, como a remoção de móveis em projetos de ambientes;
- Permita realizar operações difíceis no mundo real, mas fáceis no mundo virtual, como cortes, adição ou multiplicação de imagens.

Aumente o conteúdo emocional dos jogos

Os jogos tem o objetivo de divertir. Além da funcionalidade, os jogos devem devem proporcionar experiências emocionais, de acordo com as seguintes recomendações:

- Crie ações baseadas nas expectativas do usuário (tanto aquelas esperadas como as surpresas);
- Coloque as primeiras impressões não muito complexas, porque servem para dar significado às ações observadas;
- Coloque situações que despertem medo, desejos e esperanças;
- Coloque eventos que possam evocar experiências passadas e expectativas futuras.
- Dê oportunidades para reflexões, avaliando e julgando o andamento do jogo.

3.8 Lista de verificação sobre informação e operação

O usuário

1 A população de usuários está claramente definida?

2 São consideradas as diferenças culturais?

Informações

Informações visuais

3 Os textos escritos só com letras maiúsculas são evitados?
4 Os tipos de letras usados são familiares?
5 As confusões entre os tipos de letras são evitadas?
6 As letras têm um tamanho adequado?
7 O espaçamento entre linhas é proporcional ao seu comprimento?
8 O contraste figura/fundo é suficiente?
9 Os gráficos são facilmente entendidos?
10 Os símbolos são adequadamente usados?

Audição

11 Os sons são reservados para sinais de alarme?
12 A frequência do som é corretamente escolhida?
13 A voz sintetizada tem o tom adequado?

Outros sentidos

14 Os sentidos do tato, olfato e térmico são restritos aos sinais de alerta?
15 Os sentidos do tato e cinestésico são usados para *feedback* de informações?
16 São usados diferentes canais para informações simultâneas?

Controles operacionais

Controles fixos

17 Usa-se um teclado familiar?
18 Há limitado número de teclas de função?
19 Os movimentos dos cursores são compatíveis com a tarefa?
20 Há outros controles além do *mouse*?
21 Usa-se *touch screens* nos aparelhos portáteis?
22 Os pedais substituem o uso inconveniente das mãos?
23 Evita-se o acionamento indesejável?
24 Os letreiros e símbolos estão bem colocados?
25 Há uso limitado de cores?
26 O sentido do movimento é coerente com a sua expectativa?
27 O objetivo é claramente indicado pelo controle?

Controles remotos

28 Os controles remotos melhoram a mobilidade do usuário?

29 Evita-se uso dos controles sem as mãos (hands-free) para informações precisas?

30 O reconhecimento da voz ocorre em ambiente silencioso?

Diálogos

Usabilidade

31 O diálogo é adequado ao nível do usuário?

32 O passo seguinte fica claro no diálogo?

33 O usuário pode controlar a velocidade e a sequência do diálogo?

34 O diálogo é consistente?

35 O diálogo é tolerante a erros?

36 O diálogo pode ser individualizado?

37 O diálogo é de fácil aprendizagem?

Diferentes formas de diálogos

38 Os menus são testados com novatos?

39 São conhecidas as limitações das entradas?

40 A linguagem de comando é restrita aos usuários experientes?

41 A manipulação direta é consistente?

42 São consideradas as desvantagens da linguagem natural?

Ajudas (Help)

43 O tipo de *help* é adaptado ao nível do usuário?

Projeto de websites

44 O comportamento do usuário de *website* pode ser previsto?

45 A apresentação do *website* independe do *hardware* e do *browser*?

46 O conteúdo é compreensível e navegável?

Interação móvel

47 O conteúdo da interação móvel é simplificado?

48 O *layout* da tela e a navegação são adaptados ao usuário?

Realidade virtual

49 Escolheu-se uma forma adequada de manipular os objetos?

50 Os jogos proporcionam diversão e emoção?

CAPÍTULO 4

FATORES AMBIENTAIS

Neste capítulo são analisados os fatores ambientais de natureza física e química, tais como ruídos, vibrações, iluminação, clima e substâncias químicas, que podem afetar a saúde, a segurança e o conforto das pessoas. Existem outros fatores ambientais como a radiação e a poluição microbiológica (bactérias, fungos) que não são discutidos neste livro.

São apresentadas recomendações sobre os limites máximos de exposição a cada um desses fatores, seguidas de recomendações para limitar essa exposição. Em geral, há três tipos de medidas que podem ser aplicadas para reduzir ou eliminar os efeitos nocivos dos fatores ambientais:

- Na fonte — eliminar ou reduzir a emissão de poluentes;
- Na propagação entre a fonte e o receptor — isolar a fonte e/ou a pessoa;
- No nível individual — reduzir o tempo de exposição ou usar equipamento de proteção individual.

4.1 Ruídos

A presença de ruídos elevados no ambiente de trabalho pode perturbar e, com o tempo, acaba provocando surdez. O primeiro sintoma é a dificuldade cada vez maior para entender a fala em ambientes barulhentos (estamparias, forjarias). Isso provoca interferência nas comunicações e redução da concentração, que podem ocorrer até com ruídos relativamente baixos. Esses efeitos podem ser reduzidos fixando-se limites máximos admissíveis para os ruídos. Os níveis de ruídos são expressos em decibéis ou dB(A). A Tabela 4.1 apresenta alguns valores de ruídos típicos, em decibéis.

4.1.1 Recomendações sobre ruídos

As recomendações nesta seção referem-se à prevenção da surdez, bem como a redução da perturbação causada pelos ruídos.

Tabela 4.1 — Alguns níveis de ruídos típicos.

Tipo de ruído	dB (A)
Motor a jato a 25 m	130
Avião a jato partindo a 50 m	120
Grupo de música pop	110
Britadeira pneumática	100
Grito a curta distância	90
Conversa em voz alta a 0,5 m	80
Rádio em alto volume	70
Grupo conversando	60
Conversa em voz baixa	50
Sala de leitura em biblioteca	40
Ambiente doméstico calmo	30
Sala em silêncio, folhas caindo	20
Ambiente muito quieto	10
Limiar da audição	0

Mantenha o ruído abaixo de 80 dB(A)

A exposição acima de 80 dB(A), durante oito horas de trabalho, pode provocar surdez. A cada aumento de 3 db(A), deve haver uma redução do tempo pela metade (Figura 4.1). (Note que os decibéis são expressos em escala logarítmica). Assim, se o ruído for de 83 dB(A), o tempo de exposição se reduz para 4 horas e, com 89 dB(A), para 1 hora de exposição. Recomenda-se, portanto, que as máquinas não emitam ruídos superiores a 80 dB(A). Em caso contrário, providências adicionais devem ser tomadas para proteger o trabalhador.

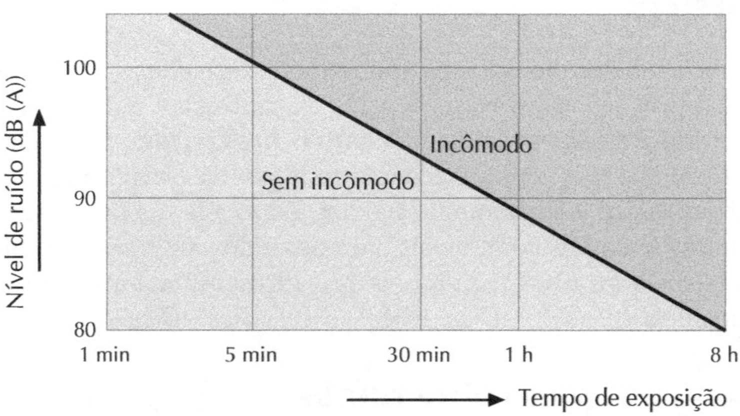

Figura 4.1 — Os ruídos acima do 80 dB(A) podem ser incômodos. É necessário controlar o tempo de exposição a esse ruídos intensos.

Limite as perturbações

As perturbações nas comunicações e no trabalho intelectual ocorrem a partir dos 80 dB(A) de ruído. Isso pode acontecer até mesmo com os ruídos que não chegam a provocar surdez. Esses ruídos geralmente são provocados por outras pessoas, máquinas ou equipamentos. Os ruídos de alta frequência (sons agudos) geralmente são mais perturbadores. A Tabela 4.2 apresenta recomendações sobre os ruídos máximos permitidos para cada tipo de atividade.

Tabela 4.2 — Limites máximos de ruídos que não provocam perturbações nas atividades.

Tipo de atividade	dB (A)
Trabalho físico pouco qualificado	80
Trabalho físico qualificado (garagista)	75
Trabalho físico de precisão (relojoeiro)	70
Trabalho rotineiro de escritório	70
Trabalho de alta precisão (lapidação)	60
Trabalho em escritórios com conversas	60
Concentração mental moderada (escritórios)	55
Grande concentração mental (projeto)	45
Grande concentração mental (leitura)	35

Mantenha um ruído de fundo

Embora se recomende sempre reduzir o nível dos ruídos, este não deve ser inferior a 30 dB(A). Isso porque os nossos ouvidos acabam se acostumando a esse ruído de fundo. Se o ruído de fundo for muito baixo, qualquer barulho de baixa intensidade acaba sobressaindo-se e distraindo a atenção.

4.1.2 Redução do ruído na fonte

Uma das medidas mais importantes para diminuir o ruído ambiental consiste em reduzi-lo na própria fonte. Abaixo, são discutidas algumas formas para fazer isso.

Selecione um processo silencioso

Deve-se pensar nos ruídos quando se escolhe um determinado processo produtivo. Um processo menos barulhento é benéfico não apenas para os trabalhadores, mas pode significar também menos desgaste das máquinas e menos dano aos produtos. Às vezes, o barulho concentra-se em algumas fases do processo produtivo, como nas máquinas de cortar ou prensar, que podem ser substituídas.

Use máquinas silenciosas

Um número cada vez maior de máquinas "silenciosas" tem surgido no mercado. Isso é conseguido substituindo-se peças metálicas por plásticas, fazendo-se confinamento das partes ruidosas, colocando-se amortecedores de vibrações, providenciando-se isolantes acústicos ou substituindo-se partes mecânicas por eletrônicas. Na ocasião de comprar as máquinas e equipamentos deve-se verificar o nível de ruído das mesmas em funcionamento.

Faça manutenção regular das máquinas

A manutenção regular das máquinas contribui para reduzir os ruídos. Fixações soltas, desbalanceamentos e atritos são causas de vibrações, que produzem ruídos. A substituição periódica de peças gastas, regulagem e uma boa lubrificação contribuem para reduzir esses ruídos.

Confine as máquinas ruidosas

Quando as outras medidas não forem eficazes, pode-se confinar a máquina ruidosa dentro de uma câmara acústica (Figura 4.2). Isso pode reduzir consideravelmente o ruído, mas tem a desvantagem de dificultar a operação e manutenção. É necessário também pensar em um método para retirar os materiais processados e providenciar ventilação.

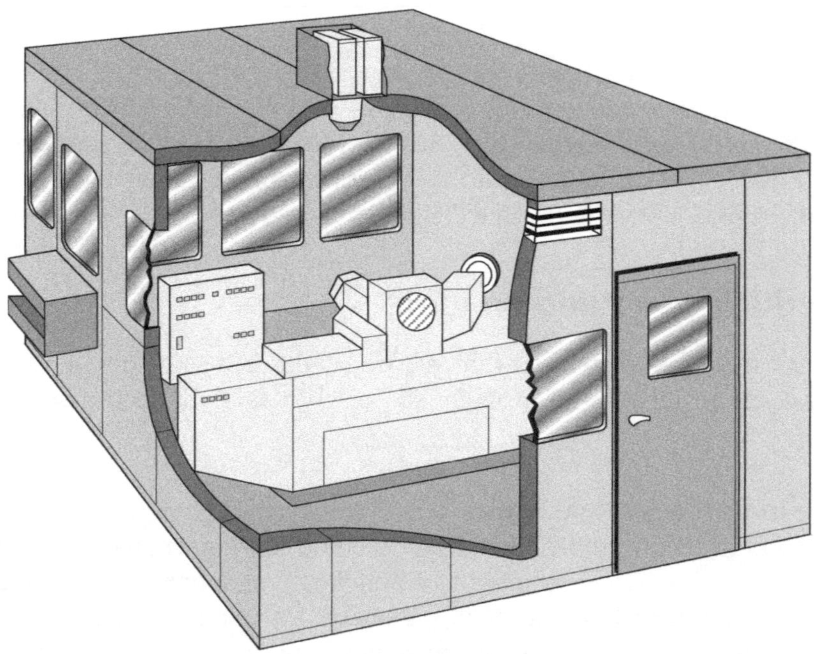

Figura 4.2 — Máquinas barulhentas como as de uma serraria devem ser confinadas em câmaras acústicas.

4.1.3 Redução do ruído pelo projeto e organização do trabalho

A redução do ruído faz-se também interceptando a sua propagação, colocando-se uma barreira entre a fonte e o receptor. Para isso, pode-se atuar no projeto do posto de trabalho e na organização do trabalho. Algumas recomendações são apresentadas a seguir.

Separe o trabalho barulhento do silencioso

As atividades barulhentas podem ser separadas espacialmente daquelas silenciosas, mas também organizando-se horários diferentes para as mesmos. A vantagem é que se pode investir mais na proteção apenas daquelas pessoas sujeitas ao ruído, enquanto as outras ficam livres desse tratamento. Do contrário, essa proteção deveria ser estendida a todos os trabalhadores.

Mantenha uma distância suficiente da fonte de ruído

A fonte de ruído deve ser colocada o mais longe possível das pessoas. O efeito do afastamento será mais efetivo nas proximidades da fonte. Por exemplo, o afastamento de 5 para 10 m será mais efetivo do que de 20 para 25 m, considerando um deslocamento igual de 5 m para ambos.

Use teto e piso acústicos

O teto e o piso podem ser revestidos com um material absorvente de ruídos. Embora isso tenha um efeito limitado, tem o mérito de reduzir os barulhos que incomodam, como aqueles produzidos pela reverberação. Isso pode ser usado em salas amplas, onde trabalhem muitas pessoas. Em outros casos, materiais absorvedores de som podem ser pendurados no teto. Outra possibilidade é fazer um teto rebaixado, com material acústico. Isso tem a vantagem de permitir a passagem de instalações elétricas, dutos de ar e canos, além de ajudar no isolamento térmico do ambiente. O piso pode ser revestido com carpetes absorvedores de ruídos.

Use barreiras acústicas

Barreiras absorvedoras de som, colocadas entre a fonte e o receptor, podem ajudar a reduzir os ruídos. Existem diversos tipos de barreiras ao som, desde paredes de alvenaria, até biombos ou painéis móveis. Algumas podem ser fixadas na máquina ou ser penduradas no teto.

As vezes, só se conseguem resultados satisfatórios, quando forem combinadas com os tetos acústicos. Essa barreira deve ser suficientemente ampla, para que a fonte não seja vista pelas pessoas que se colocam atrás dela. Elas não são efetivas quando colocadas a grandes distâncias da fonte, pois o som acaba se espalhando pelo ambiente. Máquinas barulhentas, como compressores, podem ser colocadas no lado externo da fábrica, usando-se a própria parede como barreira.

4.1.4 Proteção dos ouvidos

Quando todos os outros métodos falharem, deve-se usar um equipamento de proteção individual (EPI) colocando-se uma barreira sonora no próprio trabalhador, com protetores auriculares (*ear plugs* e *ear-muffs*). Esses protetores (Figura 4.3) podem ser usados também quando o barulho for apenas ocasional ou temporário, como no caso de alguma obra ou instalação, não compensando adotar medidas mais dispendiosas.

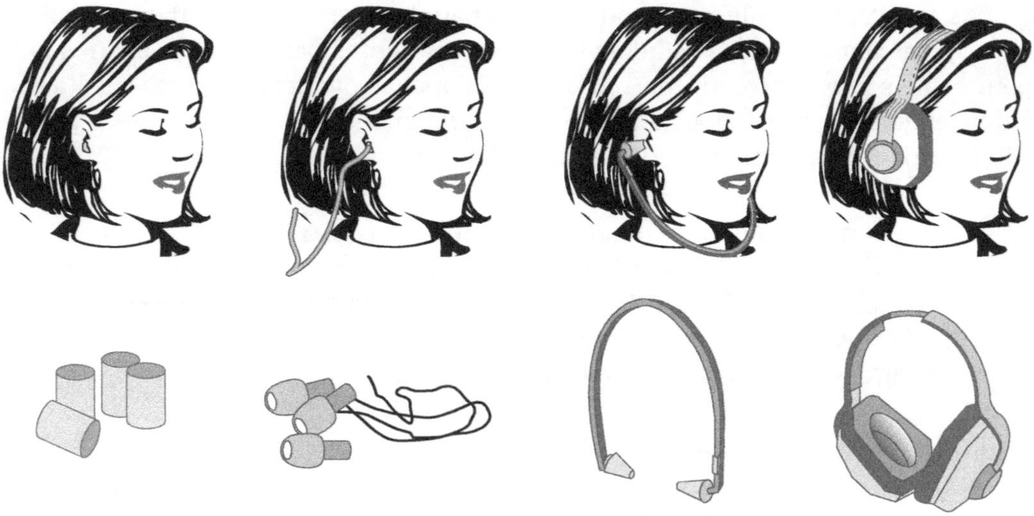

Figura 4.3 — Exemplos de protetores auriculares. Estes só devem ser usados um último caso, quando os outros métodos falharem.

Os *ear plugs* são colocados diretamente no canal auditivo externo e só produzem efeito se ficarem bem encaixados. Já os *ear-muffs* são colocados sobre as orelhas, e produzem melhores resultados que os anteriores. Além de serem mais higiênicos, permitem retirada e colocação mais fáceis. Muitas pessoas acham-nos incômodos, principalmente quando se transpira ou se usam óculos. Observa-se também que a comunicação entre as pessoas é dificultada por esses dispositivos. Muitos trabalhadores rejeitam o uso dos mesmos devido a esses incômodos. Nesses casos, é necessário conscientizá-los sobre a conveniência e necessidade do seu uso.

Os protetores auriculares devem ser adaptados ao ruído e ao usuário

Existem muitos modelos de protetores auriculares, variando em forma, tamanho e material. Na escolha desses protetores, deve-se analisar a altura (frequência) do som. Alguns tipos de protetores são mais eficientes em determinadas faixas de freqüência. As características desses protetores podem ser obtidas com os seus fabricantes. Em geral, deve-se ter uma variedade desses protetores, para que cada pessoa possa escolher aquele que melhor se adapte a cada caso específico.

4.2 Vibrações

A vibração pode afetar o corpo inteiro ou apenas parte do corpo, como as mãos e os braços. A vibração do corpo inteiro ocorre quando há uma vibração dos pés (na posição em pé) ou do assento (na posição sentada). Geralmente, essas vibrações têm um sentido vertical, como ocorre com o sacolejar dos carros. As vibrações das mãos e braços ocorrem quando se usam ferramentas elétricas ou pneumáticas, como as furadeiras.

Há três variáveis que influem no efeito da vibração: a frequência (expressa em Hz), intensidade (expresso em m/s2) e duração (tempo). Cada parte do corpo é sensível a uma determinada faixa de vibrações (diferentes frequências de ressonância). As vibrações de baixa frequência, menores que 1 Hz, podem produzir sensações de enjoo. As vibrações entre 1 e 100 Hz, especialmente entre 4 e 8 Hz, podem produzir dores no peito, dificuldades respiratórias, dores nas costas e vista embaralhada. As vibrações da mão e braço, entre 8 e 1000 Hz, produzem alterações na sensibilidade, redução da destreza dos dedos, "dedos brancos", bem como distúrbios dos músculos, ossos e articulações. As vibrações usuais das ferramentas manuais concentram-se na faixa entre 25 e 150 Hz.

Na prática, as vibrações consistem de uma mistura complexa de diversas ondas com frequências e direções diferentes. A partir da análise desses componentes é possível calcular um nível médio das vibrações. Esse nível médio é usado na prática para se avaliar o impacto das vibrações sobre o corpo humano.

4.2.1 Recomendações sobre vibrações

Esta seção contêm recomendações sobre vibrações do corpo inteiro, vibrações das mãos, braços e também dos choques e solavancos.

Previna os riscos das vibrações

A vibração do corpo provoca desconforto quando houver combinação de uma certa intensidade com o tempo de exposição. As vibrações do corpo inteiro devem ser conservadas abaixo de $0{,}5 m/s^2$ e as vibrações das mãos/braços, abaixo de $2{,}5 m/s^2$.

Evite choques e solavancos

Os choques e solavancos aparecem quase sempre junto com as vibrações. São causados por ondas de intensidades maiores que o nível médio das vibrações. Acontece, por exemplo, quando um carro bate em um obstáculo ou passa sobre um buraco na pista. As recomendações apresentadas até aqui sobre vibrações baseiam-se no pressuposto de que não há choques e solavancos. Quando esses choques e solavancos atingem níveis três vezes superiores ao da vibração média, o estresse das pessoas aumenta consideravelmente. Sempre que possível, devem ser evitados.

4.2.2 Prevenção das vibrações

Esta seção apresenta algumas medidas possíveis para reduzir o efeito das vibrações. Para tanto, pode-se atuar na fonte, na transmissão entre a fonte e o receptor ou, ao extremo, no próprio receptor.

Combata a fonte das vibrações

As máquinas e ferramentas motorizadas constituem fontes de vibrações. Essas vibrações podem ser reduzidas durante a etapa de projeto desses instrumentos, realizando-se uma cuidadosa seleção de materiais e mecanismos. Os movimentos de rotação produzem menos vibrações que os de translação. As transmissões hidráulicas e pneumáticas são melhores que as mecânicas (engrenagens). Buchas, engrenagens e rolamentos metálicos podem ser substituídas por peças de nailon. Máquinas pesadas, com uma grande massa, também vibram menos.

Faça manutenção regular das máquinas

As máquinas e ferramentas manuais sofrem um desgaste natural, ficam frouxas e desbalanceadas. Tudo isso é fonte de ruídos e vibrações. Uma manutenção regular, com substituição das peças desgastadas e lubrificação podem prevenir esses problemas.

Reduza a transmissão das vibrações

Quando não for possível atuar sobre a fonte, deve-se procurar reduzir a transmissão das vibrações. Isso é feito procurando-se amortecer as vibrações antes que elas atinjam a pessoa. Por exemplo, pode-se revestir as pegas das ferramentas com material antivibratório. Um outro exemplo é o estofamento no banco dos ônibus, que absorvem as vibrações, antes que estas atinjam os passageiros. Também se pode colocar um calço de borracha ou um amortecedor pneumático nos pés dos bancos, com o mesmo propósito.

Em último caso, projeta a pessoa

Se as etapas anteriores de controle na fonte e na transmissão das vibrações falharem, resta atuar sobre a pessoa afetada. Isso pode ser feito pela redução do tempo de exposição às vibrações, por exemplo, alternando as tarefas com outras, não sujeitas a vibrações. O frio, umidade e o fumo são fatores agravantes dos "dedos brancos". Assim, em nível individual, pode-se proteger o trabalhador fornecendo-lhe luvas para evitar o frio e a umidade.

4.3 Iluminação

A intensidade da luz que incide sobre a superfície de trabalho deve ser suficiente para garantir uma boa visibilidade. Além disso, o contraste entre a figura e o fundo também é importante.

A intensidade da luz que incide sobre a superfície de trabalho é expressa em lux. A luminância (ou brilho) é a quantidade de luz que é refletida para os olhos. Objetos claros refletem mais a luz, enquanto o negro absorve quase tudo. A cor da luz e a presença da luz solar pode influir no humor da pessoa, influindo no seu desempenho.

4.3.1 Intensidades luminosas

Para determinar a quantidade de luz, é necessário fazer distinções entre a luz ambiental, iluminação no local de trabalho e iluminação especial.

Mantenha a luz ambiental entre 20 a 200 lux

Uma luz ambiental de 20 a 200 lux é suficiente para lugares onde não há tarefas exigentes. É o caso dos corredores, depósitos e outros lugares onde não há tarefa de leitura. O mínimo necessário para visualizar obstáculos é de 20 lux. Uma intensidade maior é necessária para ler avisos. Esta também pode ser necessária para se evitar grandes contrastes (figura/fundo) entre áreas contíguas. O olho demora mais tempo para se adaptar, quando há grandes diferenças de brilhos. Para diminuir esses contrastes, um túnel deve ser melhor iluminado durante o dia, podendo ficar mais escuro à noite.

Use intensidades de 200 a 750 lux para tarefas normais

Para tarefas normais, como a leitura de livros, montagens de peças e operações com máquinas, aplicam-se as seguintes recomendações:

- Uma intensidade de 200 lux é suficiente para tarefas com bons contrastes, pouco exigentes, como na leitura de letras pretas sobre um fundo branco, sem necessidade de percepção de muitos detalhes;
- É necessário aumentar a intensidade luminosa em tarefas de grande concentração visual com percepção de pequenos detalhes ou quando o contraste figura/fundo diminui;
- Pessoas idosas e portadoras de deficiências visuais exigem maior intensidade luminosa;
- Uma intensidade maior pode ser necessária para reduzir as diferenças de brilhos no campo visual, como, por exemplo, quando há presença de uma lâmpada ou uma janela no campo visual.

Use 750 a 5.000 lux para tarefas especiais

Quando há grandes exigências visuais, o nível de iluminação deve ser aumentado, colocando-se um foco de luz diretamente sobre a tarefa. Isso ocorre, por exemplo, em tarefas de inspeção de qualidade ou montagens de pequenas peças, em que detalhes minúsculos devem ser observados, ou quando o contraste figura/ fundo é muito pequeno. Entretanto, deve-se considerar que esses níveis muito elevados provocam fadiga visual.

4.3.2 Diferenças de brilho

Esta seção apresenta algumas recomendações sobre as diferenças de brilho dentro do campo visual.

Evite grandes diferenças de brilho no campo visual

As diferenças excessivas de brilho entre os objetos ou superfícies no campo visual são inconvenientes. Essas grandes diferenças resultam de reflexos, focos de luz e sombras existentes no campo visual. Isso ocorre também com a TV ligada em ambientes escuros. A Tabela 4.3 apresenta alguns exemplos do que acontece com a percepção, diante das diferenças de brilho. Essas diferenças são expressas pela razão entre os brilhos da figura e do fundo.

Tabela 4.3 — As razões de brilho entre a figura e o fundo não devem ser muito elevadas. Valores acima de 10 são considerados excessivos.

Razão de brilho figura/fundo	Percepção da figura
1	imperceptível
2	moderada
10	alta
30	bem alta
100	exagerada, desagradável
300	desagradável ao extremo

Produza três níveis de brilho

O campo visual pode ser dividido em três zonas: área da tarefa, área circunvizinha e o ambiente geral. A diferença de brilho entre a área da tarefa e a circunvizinhança não pode ser superior a três vezes. E a diferença entre a área da tarefa e o ambiente geral não pode ultrapassar dez vezes, pois produzem incômodos e fadiga visual. As diferenças muito pequenas também devem ser evitadas, porque a uniformidade produz monotonia e dificulta a concentração.

4.3.3 Luz e cor

A luz solar, também chamada de luz branca, é emitida por corpo de temperatura entre 5.000 °K a 6.500 °K. As cores emitidas por corpos abaixo de 5.000 °K são amareladas ou avermelhadas e são classificadas como quentes. Acima de 6.500 °K, emitem cores azuladas e são consideradas frias.

Evite cores muito quentes ou muito frias em ambientes internos

Devem ser evitados ambiente internos com luzes muito quentes ou muito frias. As cores muito quentes são excitantes, pertubadoras e, aquelas muito frias, monótonas. As cores consideradas mais aconchegantes e confortáveis são levemente amareladas e situam-se entre 3.000 °K e 5.000 °K.

4.3.4 Melhoria da iluminação

Consegue-se melhorar a iluminação providenciando-se intensidade luminosa suficiente sobre os objetos e evitando-se as diferenças excessivas de brilho no campo visual, causadas por focos de luz, janelas, reflexos e sombras.

Melhore a legibilidade da informação

Quando a informação for pouco legível, é mais efetivo melhorar a legibilidade da mesma do que aumentar o nível de iluminação. Os aumentos da intensidade luminosa acima de 200 lux não aumentam significativamente a eficiência visual, além de serem antieconômicas.

A legibilidade pode ser melhorada com o aumento dos detalhes (usando tipos maiores ou reduzindo a distância de leitura) ou aumento do contraste (escurecendo a figura ou clareando o fundo). Veja também o tópico 3.2.1, sobre informações visuais, no Capítulo 3.

Combine a iluminação localizada com a ambiental

A iluminação localizada, sobre a tarefa, deve ser ligeiramente superior à luz ambiental. A relação entre elas depende das diferenças de brilho entre a tarefa e o ambiente, e também das preferências pessoais (geralmente recomenda-se o máximo de 3:1). De qualquer forma, é conveniente que a intensidade da luz local tenha intensidade regulável e foco ajustável.

Use luz natural para iluminar o ambiente

A luz natural pode ser usada para compor a iluminação ambiental. Essa luz, bem como a vista para fora (janela), é apreciada por muitas pessoas. Diferenças excessivas de brilho podem ocorrer nos postos de trabalho junto a janelas. As grandes variações da luz natural, durante o dia, podem ser reguladas com uso de cortinas ou persianas.

Quebre as incidências diretas da luz nos olhos

A incidência de luz direta deve ser evitada, colocando-se anteparos entre a fonte de luz e os olhos. Contudo, algumas superfícies podem ficar mal iluminadas. Nesse caso, a luz natural pode ser complementada ou substituída pela luz artificial, convenientemente posicionada. Como regra geral, a fonte dessa luz não deve ficar dentro do campo visual, podendo ficar acima da cabeça ou ao lado, atrás dos ombros.

Evite reflexos e sombras

A luz deve ser posicionada de modo a evitar os reflexos e as sombras no campo visual. A Figura 4.4 apresenta a forma correta para colocar as fontes de luz no posto de trabalho. Nos trabalhos com monitores, deve-se tomar especial cuidado para evitar os reflexos sobre a tela.

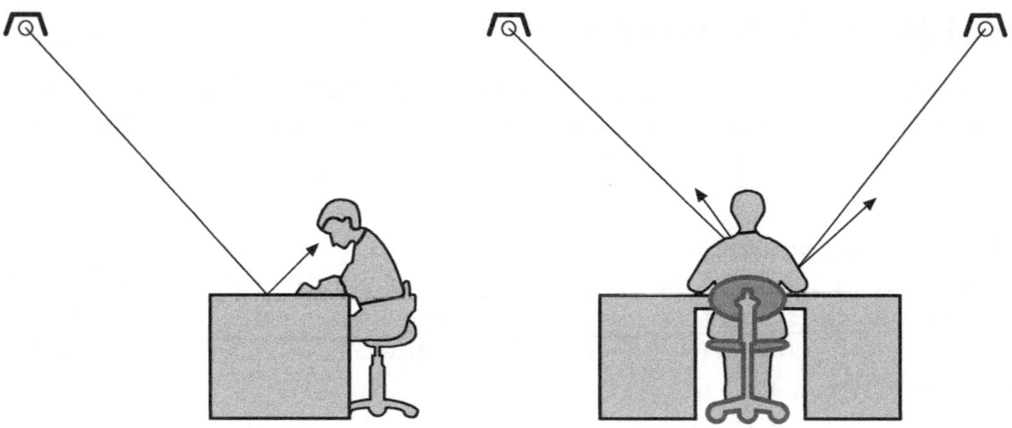

(a) Errado (b) Certo

Figura 4.4 — As fontes de luz devem estar localizadas de modo a evitar reflexos e sombras na superfície de trabalho.

Use luz difusa

Os reflexos e sombras podem ser diminuídos com o uso de luz difusa no teto. Isso pode ser feito também substituindo as superfícies lisas e polidas das mesas, paredes e objetos, por superfícies foscas e difusoras, que dispersem a luz.

A proporção entre a luz incidente e a parte refletida em uma superfície chama-se reflectância. Esta varia de zero, para corpos negros (totalmente absorventes) até 1, para corpos brancos (totalmente refletores). O valor ótimo dessa reflectância depende do objetivo da superfície. A Tabela 4.4 apresenta alguns valores recomendados de reflectância para diversos tipos de superfícies.

Tabela 4.4 — Valores recomendados da reflectância para vários tipos de superfícies.

Superfície	Reflectância
Teto	0,80 a 0,90 (claro)
Parede	0,40 a 0,60
Tampo de mesa	0,25 a 0,45
Piso	0,20 a 0,40 (escuro)

Evite oscilações da luz fluorescente

A luz fluorescente é intermitente, piscando na mesma frequência da corrente alternada. Algumas pessoas são sensíveis a essa intermitência e sentem mal-estar. Além disso, pode gerar efeito estroboscópico. Assim, uma figura em movimento, como um rotor ou hélice de um ventilador podem produzir uma imagem "parada". Essa falsa imagem parada pode provocar acidentes. O problema pode ser reduzido, usando-se lâmpadas alimentadas por duas fases diferentes.

4.4 Clima

O clima de trabalho deve satisfazer a diversas condições, para ser considerado confortável. Quatro fatores contribuem para isso: temperatura do ar, calor radiante, velocidade do ar e umidade relativa. Para que o clima seja considerado agradável, depende também do tipo de atividade física e do vestuário.

Muitos trabalhos são executados em condições desfavoráveis, como em câmaras frigoríficas muito frias ou perto dos fornos muito quentes. Cuidados especiais são necessários nesses casos extremos, para evitar congelamentos ou queimaduras da pele, principalmente no rosto e nas mãos. Sem esses cuidados, o tempo de exposição ao frio ou calor deve ser reduzido.

4.4.1 Conforto térmico

Esta seção contém recomendações sobre os quatro fatores do conforto térmico: temperatura do ar, calor radiante, velocidade do ar e umidade relativa.

Permita controles individuais do clima

Cada pessoa tem preferências climáticas próprias. Assim, sempre que for possível, o clima deve ser regulável para cada pessoa. Isso pode ser feito nos escritórios divididos em cubículos.

Ajuste a temperatura do ar ao esforço físico

Em trabalhos pesados, a pessoa se sentirá melhor em climas mais frios, ocorrendo o inverso em trabalhos mais leves. A Tabela 4.5 apresenta as faixas de conforto para diversos tipos de atividades. No caso, as medidas de temperatura foram realizadas com umidade relativa entre 30 e 70%, velocidade do ar menor que 0,1 m/s e uso de roupas normais. (N.T.: As faixas de temperaturas apresentadas na tabela referem-se a um organismo adaptado ao clima temperado. No Brasil, provavelmente, temperaturas 3 a 5 graus maiores seriam consideradas mais confortáveis).

Tabela 4.5 — Temperaturas do ar recomendadas para vários tipos de esforços físicos.

Tipo de trabalho	Temperatura do ar (°C)
Trabalho intelectual, sentado	18 a 24
Trabalho manual leve, sentado	16 a 22
Trabalho manual leve, em pé	15 a 21
Trabalho manual pesado, em pé	14 a 20
Trabalho pesado	13 a 19

Evite umidades ou securas exageradas

O ar muito úmido (umidade relativa acima de 70%) ou muito seco (abaixo de 30%) pode afetar o conforto térmico. O ar muito seco pode provocar irritação nos olhos e nas mucosas, além de produzir eletricidade estática (riscos de incêndios, choques desagradáveis, interferências em equipamentos). O ar saturado (100%) dificulta a evaporação do suor, tornando-se desagradável para trabalhos pesados. A umidade do ar pode ser controlada adicionando ou retirando vapor do ambiente.

Evite superfícies radiantes muito quentes ou frias

As superfícies mais quentes (como o telhado) que a superfície corporal irradiam calor para a mesma e acontece o inverso com as superfícies frias. Devem-se tomar providências quando as diferenças das temperaturas entre essas superfícies e aquela do ar forem superiores a 4 graus.

Neste caso, podem ser colocadas superfícies refletoras, como uma folha de alumínio polida entre o corpo e essas superfícies, para evitar a troca de calor por radiação.

Evite correntes de ar

As correntes de ar podem afetar o conforto térmico, principalmente no caso de trabalhos leves. Podem ser ventos naturais ou movimentos de ar provocados por ventiladores. Elas tornam-se desconfortáveis quando a velocidade do ar for superior a 0,1 m/s.

4.4.2 Frio e calor

O frio e calor intensos são desconfortáveis e provocam sobrecarga energética no corpo, principalmente no coração e pulmões. Além disso, partes do corpo podem sofrer danos com queimaduras ou congelamentos.

Evite o frio e calor intensos

As partes do corpo expostas ao calor intenso ou superfícies radiantes muito quentes podem experimentar sensações dolorosas. Em climas muito frios, há risco de congelamento, que aumenta com a velocidade elevada do vento. Temperaturas acima de 24°C provocam queda do rendimento e aumento dos erros, havendo necessidade de concessão de pausas para a recuperação do organismo.

Os materiais manipulados não devem ser muito quentes ou frios

Quando a pele entra em contato com superfícies metálicas muito frias, pode ficar grudada nelas. Para segurança, essas superfícies devem estar acima de 5°C. Uma temperatura menor pode ser tolerada para materiais isolantes, como plásticos ou madeira. Por outro lado, a Tabela 4.6 apresenta os tempos máximos de contato com superfícies quentes, para evitar queimaduras na pele.

Tabela 4.6 — O manuseio de material quente deve ser feito durante um tempo determinado, para não provocar queimaduras.

Tipo de material	Temperatura máxima (°C)	Duração do contato
Metais	50	até 1 minuto
Vidros, cerâmicas, concreto	55	até 1 minuto
Plásticos, madeira	60	até 1 minuto
Todos os materiais	48	até 10 minutos
Todos os materiais	43	até 8 horas

4.4.3 Controle do clima

Nesta seção são discutidas as questões relativas ao conforto térmico e medidas para controlar temperaturas quentes e frias.

Agrupe as tarefas de esforços físicos semelhantes

É desejável agrupar as tarefas que exigem esforços físicos semelhantes, dentro de uma mesma sala. Com isso, torna-se possível controlar o clima para que este fique agradável, de acordo com o nível de esforço físico de cada grupo. Quanto maior o esforço físico, mais baixa pode ser a temperatura ambiente e vice-versa.

Ajuste as tarefas ao clima externo

Como não é possível controlar o clima externo, as tarefas realizadas ao ar livre devem ter o gasto energético adaptado ao mesmo. Em climas frios, as tarefas podem ser pesadas, porque isso ajuda a produzir calor e aquecer o corpo. Inversamente, em climas quentes, as tarefas devem ser mais leves. As tarefas pesadas devem ser feitas mais lentamente, ou intercaladas com pausas, para permitir que o corpo elimine o calor adicional gerado pelo metabolismo.

Ajuste a velocidade do ar

Em climas frios, são preferíveis baixas velocidades do ar, para evitar que retirem muito calor do corpo. Se a velocidade ultrapassar 0,1 m/s deve-se aumentar a temperatura do ar para conservar o conforto térmico. Ao contrário, em climas quentes, o aumento da velocidade do ar ajuda a retirar o calor do corpo, melhorando o conforto térmico.

Reduza os efeitos do calor radiante

A radiação das superfícies quentes pode ser neutralizada confinando-se a fonte ou colocando-se material isolante em superfícies como paredes, tetos, pisos e janelas. Além disso, um *layout* correto pode manter as pessoas longe das fontes de radiação. A radiação pode ser diminuída também se a temperatura do ar for controlada, de modo a reduzir as diferenças entre a temperatura do ar e aquela da fonte radiante.

Limite a exposição ao frio ou ao calor intensos

O tempo de exposição ao frio ou ao calor intensos deve ser limitado. Cada pessoa tem um limite diferente para suportar essas temperaturas extremas.

Use roupas especiais

As roupas isolantes protegem melhor contra o frio. No calor, devem ser usadas roupas mais leves, que favoreçam a transpiração. Para o calor extremo, devem ser usadas roupas especiais, como as dos bombeiros.

4.5 Substâncias químicas

As substâncias químicas estão presentes no ambiente em forma de líquidos, gases, vapores, poeiras e sólidos. Certas substâncias podem causar mal-estar ou doenças quando inaladas, ingeridas ou em contato com a pele e olhos. Os sintomas podem aparecer imediatamente ou após um período de incubação. Algumas dessas substâncias tem efeito cumulativo, não sendo eliminadas pelo organismo. É sabido que muitas substâncias são cancerígenas, provocam mutações genéticas e o nascimento de pessoas com deficiências físicas. Então, o organismo deve ser exposto o menos possível a esse tipo de substâncias.

4.5.1 Exposição a substâncias químicas

Existem limites internacionais de tolerâncias para as substâncias químicas. Esses limites referem-se à presença dessas substancias no ar, e se destinam a prevenir doenças, mas não o desconforto ocasional provocado pelas mesmas.

Aplique os limites de tolerância

Limite de tolerância é a concentração média de uma substância encontrada no ar, durante oito horas, e que não pode ser ultrapassada em nenhum dia. Existem tabelas de limites de tolerância para centenas de substâncias. Essas tabelas são atualizadas frequentemente, com a inclusão de novas substâncias e com novas informações sobre a toxicidade das mesmas. (N.T. No Brasil, os limites de tolerância são estabelecidos no Anexo 11 da Norma Regulamentadora NR-15 — Atividades e operações insalubres, da CLT, Ministério do Trabalho).

Algumas substâncias provocam intoxicação rapidamente. Nesse caso, no lugar da média diária, estabelece-se um teto, que não pode ser ultrapassado em nenhum momento.

As tabelas dos limites de tolerância listam apenas uma pequena parte das substâncias químicas conhecidas. Se uma determinada substância não aparecer na lista do país, podem ser consultadas listas de outros países ou um manual de toxicologia. Se, assim mesmo, não aparecer em nenhuma dessas listas, não quer dizer que seja segura. Pode ser que ainda não tenha sido estudada. Nesse caso, havendo desconfianças, devem-se fazer pesquisas próprias para determinar o limite específico para cada caso.

Evite substâncias cancerígenas

Certas substâncias dispersas no ar são conhecidas como cancerígenas. A exposição a essas substâncias deve ser evitada sempre. A Tabela 4.7 apresenta uma pequena mostra dessas substâncias. Uma lista completa dessas substâncias pode ser encontrada em publicações da *International Agency for Research on Cancer* (IARC), situada em Lion, França.

Tabela 4.7 — Exemplos de substâncias químicas causadoras de câncer.

Substância	Encontrada em
Asbesto	Isolante térmico
Benzeno	Solvente
Composto de cromo	Pigmento
Hidrocarbonetos policíclicos	Componente do alcatrão
Clorovinil	Matéria-prima do PVC

Evite exposições a picos

As exposições a altas concentrações de substâncias químicas, em curtos períodos, podem afetar a saúde, ainda que a média durante a jornada de trabalho não ultrapasse os valores tabelados. Nesse caso, deve-se aplicar os valores dos tetos. Deve-se assegurar que esses tetos não sejam ultrapassados, mesmo em curtos períodos, como durante a limpeza ou manutenção.

Limite a exposição à mistura de substâncias

Na prática, muitas vezes, há exposição simultânea a várias substâncias. Nesse caso, não há valores tabelados para os limites de tolerância. Nem sempre é suficiente garantir que cada uma delas, isoladamente, esteja dentro dos limites, pois não se conhecem os efeitos cumulativos das mesmas no organismo.

Procure ficar bem abaixo dos limites de tolerância

É importante procurar manter o ar livre dos contaminantes químicos, se possível, sempre abaixo dos limites de tolerância. Como uma regra prática para o projeto dos ambientes, as concentrações devem ficar abaixo de 20% dos limites de tolerância. Mesmo nesses níveis, não se pode garantir a total ausência de desconfortos provocados, por exemplo, por gases irritantes. Há também gases que, aparentemente, não causam desconforto (não tem cheiro), mas são prejudiciais a saúde.

Coloque sinais de alerta em rótulos de produtos químicos

O fabricante de produtos químicos deve fornecer informações sobre a sua toxicidade e os cuidados necessários para a manipulação dos mesmos. A primeira indicação deve aparecer no rótulo do produto, com o uso de sinais padronizados de alerta (Figura 4.5).

Figura 4.5 — Sinais de advertência para produtos químicos.

4.5.2 Controle da poluição na fonte

Existe uma hierarquia entre as medidas para controle da poluição. Em primeiro lugar, deve-se controlar a fonte do agente poluidor. Em seguida, o processo de propagação desse agente e, por último, as pessoas atingidas. Os controles na fonte são preferíveis, principalmente quando for possível impedir que a poluição apareça. Se isso não for possível, deve-se, pelo menos tentar reduzi-la ou isolá-la. As medidas aplicáveis na fonte referem-se à substância química (propriamente), seu processo de produção e ao método de trabalho. Esta seção trata dos controles na fonte e as seções seguintes, das demais medidas.

Remova a fonte de poluição

Em primeiro lugar, deve-se tentar substituir a substância tóxica por uma outra, inofensiva ou, pelo menos, menos prejudicial. Por exemplo, as tintas com solventes petroquímicos podem ser substituídas por outras, solúveis em água. Os isolantes térmicos de asbestos podem ser substituídos pela lã de rocha. A substituição também pode ocorrer nos processos industriais, adotando-se aqueles menos poluentes. Por exemplo, em vez de utilizar ar comprimido para remover sujeiras superficiais, que espalham o pó, pode-se usar aspiradores ou processos úmidos.

Reduza a emissão na fonte

A redução da emissão na fonte pode ser feita atuando-se sobre a substância química envolvida, processo produtivo ou método de trabalho. Exemplos de atuação sobre as substâncias químicas: uso de uma tinta com menor concentração de metais pesados; uso de material líquido ou pastoso no lugar do pó. Atuação no processo produtivo: mudança no processo de enchimento das embalagens para evitar material entornado; fazer manutenções regulares para evitar o vazamento de gases. Atuação no método de trabalho: material pintado é colocado em local isolado, para secar.

Isole a fonte de poluição

Uma terceira forma para reduzir a poluição química é pelo isolamento da fonte, evitando que a mesma se propague no ambiente. A fonte pode ser colocada em cabines fechadas ou ser transportada em recipientes fechados, evitando que exale gases.

4.5.3 Ventilação e Exaustão

Quando não for possível eliminar ou reduzir a poluição na fonte, pode-se reduzir a sua propagação no ambiente. Nesta seção serão apresentadas medidas para reduzir a condução dos poluentes entre a fonte e a pessoa.

Faça a extração perto da fonte

Quando não for possível impedir a produção de agentes químicos, elas devem ser extraídas do ar, o mais rápido possível. Em alguns casos, esse ar extraído deve ser filtrado, para impedir a poluição atmosférica. Existem leis ambientais que restringem a concentração dos poluentes no ar expelido. Junto com o sistema de exaustão, deve existir a reposição simultânea de ar puro no local de trabalho. A Figura 4.6 mostra um sistema de exaustão usado em cabines de pintura.

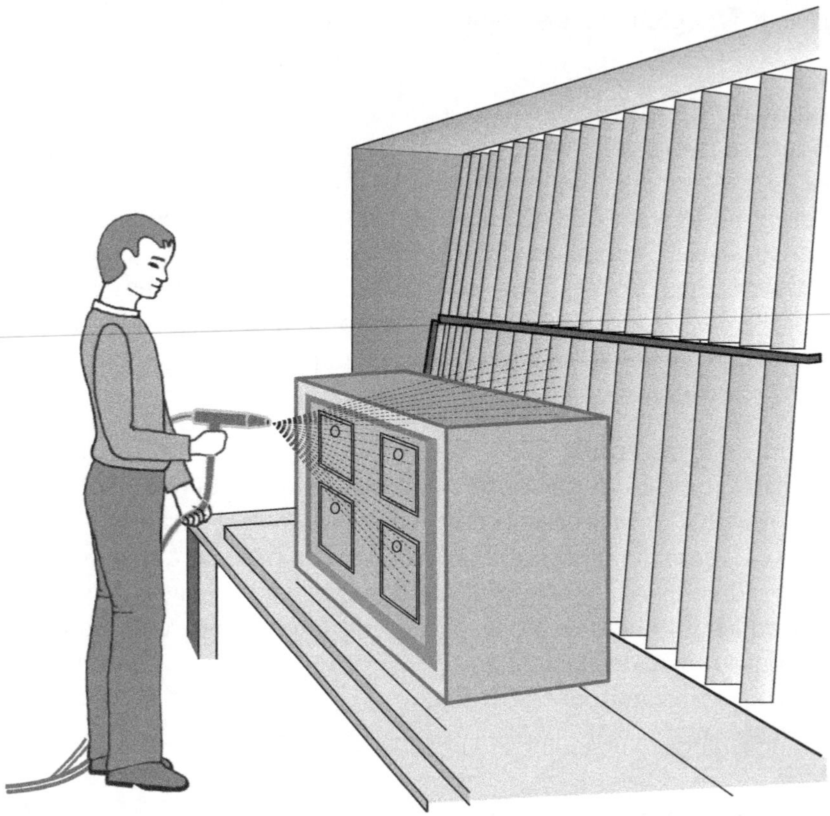

Figura 4.6 — Use um sistema exaustor em cabines de pintura, para evitar que o trabalhador respire produtos químicos.

Providencie um sistema de exaustão eficiente

Muitos sistemas de exaustão não funcionam adequadamente, devido a projetos mal elaborados, localização errada ou manutenção falha. A extração do ar poluído deve ser feita antes que chegue à respiração, e não apenas na parte superior da sala, quando os poluentes já foram respirados pelo trabalhador (Figura 4.6). A manutenção regular dos equipamentos é importante para evitar o entupimento dos dutos e filtros.

Preserve o clima interno

A ventilação e exaustão provocam movimentos de massas de ar, e isso influi no conforto térmico. Se houver diferenças de temperaturas entre o ar que sai e o que entra, é necessário pré-aquecer ou resfriar esse ar, para reduzir essas diferenças e preservar o conforto térmico.

Providencie renovações suficientes do ar

Os ambientes fechados devem ser adequadamente ventilados, mesmo que não contenham fontes de poluição. A taxa de renovação do ar depende da natureza do trabalho, devendo ser maior para os trabalhos mais pesados (ver Tabela 4.8).

Tabela 4.8 — Volume de ar e ventilação necessários para diversos tipos de trabalhos.

Natureza do trabalho	Volume do ar (m^3/pessoa)	Renovação do ar (m^3/h)
Muito leve	10	30
Leve	12	35
Moderado	15	50
Pesado	18	60

4.5.4 Proteção individual

Nos casos em que as medidas anteriormente recomendadas são impossíveis ou antieconômicas, pode-se, como último recurso, reduzir os impactos sobre as pessoas. Para isso, pode-se atuar na organização do trabalho, afastando os trabalhadores das fontes poluentes, ou usar equipamentos de proteção individual. Esses equipamentos geralmente são incômodos. Recomendam-se apenas para uso eventual, apenas durante o tempo em que os trabalhadores estão expostos aos agentes químicos.

Atue em nível organizacional

Várias medidas de natureza organizacional podem ser adotadas para reduzir a exposição das pessoas aos agentes químicos. As pessoas devem permanecer apenas durante o tempo estritamente necessário em salas contaminadas ou o número de pessoas expostas pode ser reduzido. Também é possível alternar o trabalho nessas salas contaminadas com outras tarefas em locais saudáveis, a fim de reduzir o tempo médio de exposição. Se for possível, as tarefas sujeitas a risco de contaminação poderiam ser feitas fora do horário normal de trabalho. Neste caso, apenas um pequeno número de pessoas ficaria exposto. Dessa maneira, pode-se tomar cuidados especiais para protegê-las. Do contrário, pode ser inviável proteger todos os trabalhadores.

Use equipamentos de proteção individual

Quando todas as outras medidas falharem, como último recurso, os trabalhadores devem ser defendidos com o uso de equipamentos de proteção individual. Essa medida aplica-se à poluição de locais amplos ou em caso de acidentes, quando é praticamente impossível aplicar outros métodos de controle. Em uma emergência, podem-se usar máscaras especiais com filtros contra gases ou pós de fina granulação. As máscaras devem ajustar-se perfeitamente ao perfil do rosto. Os equipamentos de proteção individual devem ser usados de forma restrita e esporádica, porque são incômodos e prejudicam o rendimento do trabalho.

Não use máscaras para poeira contra gases

As máscaras para poeira não devem ser usadas contra gases. Os filtros dessas máscaras geralmente têm porosidade maior, apenas para reter os pós e não funcionam no caso de gases, cuja granulação é muito mais fina. A situação fica pior quando houver uma alta concentração desses gases, como uma névoa suspensa no ar.

Use aventais e luvas

Para a proteção contra líquidos que podem ser absorvidos pela pele, recomenda-se o uso de aventais e luvas. As luvas, assim como outros tipos de equipamentos de proteção individual, são incômodas. Assim, devem ser usadas apenas enquanto persistir o risco de contaminação. Contudo, não devem ser substituídas pelos cremes protetores, porque a eficácia dos mesmos ainda não está comprovada.

Mantenha a higiene pessoal

O cuidado com a higiene pessoal pode contribuir para a redução da contaminação por agentes químicos através da pele. Este inclui:

- Manter sempre limpos o vestuário e os equipamentos de proteção individual;
- Evitar o uso de roupas e luvas difíceis de lavar;
- Lavar as mãos e os braços regularmente com água e sabão;
- Tratar rapidamente qualquer tipo de lesão na pele.

4.6 Lista de verificação sobre fatores ambientais

Ruídos

Nível de ruídos

1 O ruído é mantido abaixo de 80 decibéis?

2 A perturbação causada pelo ruído é evitada?

3 O ambiente não é silencioso demais?

Redução do ruído na fonte

4 O processo de trabalho escolhido é silencioso?

5 As máquinas usadas são silenciosas?

6 As máquinas têm boa manutenção?

7 As máquinas barulhentas estão confinadas?

Redução do ruído pelo projeto e organização do trabalho

8 O trabalho barulhento é separado do trabalho silencioso?

9 Há uma distância adequada entre as pessoas e a fonte de ruídos?

10 O teto e o piso são revestidos com material acústico?

11 Há barreiras para evitar a propagação do som?

Proteção dos ouvidos

12 As proteções auriculares são adaptadas aos usuários e ao tipo de ruído?

Vibração

Recomendações sobre vibrações

13 A vibração desconfortável do corpo é evitada?

14 Os choques e solavancos são eliminados?

Prevenção da vibração

15 A vibração é contida na fonte?

16 As máquinas recebem manutenção regular?

17 A transmissão da vibração é amortecida?

18 As medidas de proteção individual são aplicadas só como último recurso?

Iluminação

Intensidades luminosas

19 A luz do ambiente geral está entre 20 e 200 lux?

20 A luz do local de trabalho está entre 250 e 750 lux?

21 A luz para tarefas especiais está entre 750 e 5.000 lux?

Diferenças de brilho

22 As diferenças significativas de brilho no campo visual são evitadas?

23 As diferenças proporcionais do brilho entre o local da tarefa, os arredores e o ambiente geral são mantidas?

Cor e luz

24 As luzes muito frias ou muito quentes são evitadas no ambiente interno?

Melhoria da iluminação

25 A informação é facilmente legível?

26 A iluminação ambiental é combinada com a iluminação localizada?

27 A luz natural é aproveitada na iluminação?

28 A incidência direta da luz nos olhos é evitada?

29 Os reflexos e as sombras são evitados?

30 É usada luz difusa?

31 A intermitência da luz fluorescente é evitada?

Clima

Conforto térmico

32 As pessoas conseguem controlar o clima local?

33 A temperatura do ar é adequada às exigências da tarefa?

34 O ar não fica muito seco ou muito úmido?

35 As superfícies radiantes muito quentes ou muito frias são evitadas?

36 As fortes correntes de ar são evitadas?

Frio e calor

37 O clima não é muito quente ou muito frio?

38 Não há contato da pele com materiais muito quentes ou muito frios?

Controle do clima

39 As tarefas com o mesmo nível de exigência física são agrupadas?

40 As exigências físicas são ajustadas ao clima'?

41 A velocidade do ar é adequada?

42 Há prevenção contra radiações indesejáveis?

43 A exposição a temperaturas muito altas ou baixas é limitada?

44 Há roupas especiais para temperaturas altas ou baixas?

Substâncias químicas

Exposição a substâncias químicas

45 As concentrações das substâncias químicas estão dentro dos limites de tolerância?

46 As substâncias cancerígenas são evitadas?

47 São evitadas as exposições aos picos de contaminantes?

48 São evitadas as exposições à mistura de substâncias?

49 As concentrações estão bem abaixo dos limites de tolerância?

50 As embalagens dos produtos químicos contém avisos sobre a toxicidade dos mesmos?

Controle da poluição na fonte

51 A fonte da poluição pode ser removida?

52 A emissão de poluentes pode ser reduzida?

53 A fonte pode ser isolada?

Ventilação e exaustão

54 As substâncias químicas são extraídas junto à fonte poluidora?

55 A exaustão do ar é eficiente?

56 A exaustão ou ventilação não prejudica o clima do local?

57 Há troca de ar em volume suficiente?

Proteção individual

58 É possível adotar medidas organizacionais?

59 Há disponibilidade de equipamentos de proteção individual?

60 Há disponibilidade de máscaras para gases e poeiras?

61 Existem roupas e luvas protetoras?

62 A higiene pessoal é preservada?

CAPÍTULO 5

ORGANIZAÇÃO DO TRABALHO

O trabalho humano geralmente realiza-se no âmbito de uma instituição estruturada. As atividades das pessoas são interligadas entre si. Essas instituições costumam ser divididas em setores como as de planejamento, produção, vendas, distribuição e assim por diante. As pessoas que trabalham nesses setores exercem determinados cargos. Em cada cargo, elas exercem certas tarefas e ações.

Vamos considerar, por exemplo, uma instituição bancária, onde existem diversos *cargos*, como gerentes, caixas e atendentes. O caixa de um banco executa um conjunto de *tarefas*, como receber depósitos e descontar cheques. Para isso, realiza *ações* como receber cheques, conferir assinaturas, verificar saldos, contar dinheiro e providenciar trocos. As relações entre cargos, tarefas e ações são apresentadas na Figura 5.1.

Neste capítulo são apresentadas recomendações sobre a organização do trabalho, cargos e tarefas. As recomendações referem-se aos trabalhos profissionais. Contudo, são aplicáveis também em outras situações, como no trabalho doméstico, prática de esportes, lazer e tráfego.

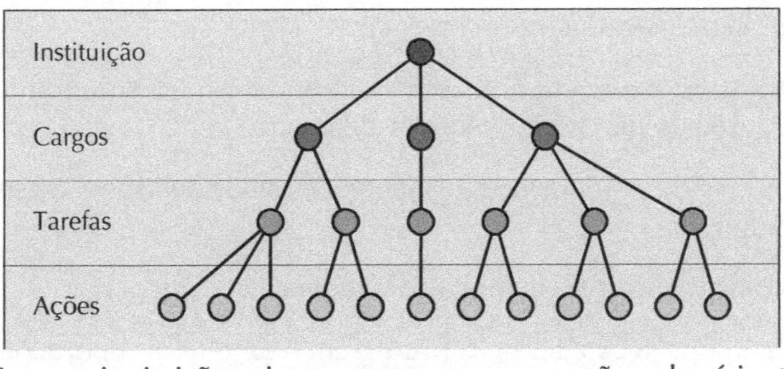

Figura 5.1 — Em uma instituição existem cargos, que se compõem de várias tarefas e, estas, de ações.

As situações de trabalho produtivo normalmente envolvem homens e máquinas, embora existam tarefas executadas só por homens ou só pelas máquinas. As tarefas melhor executadas pelo homem não devem ser transferidas para a máquina e vice-versa.

5.1 Tarefas

O projeto das organizações, cargos e tarefas começam com a definição dos objetivos institucionais e termina com a descrição de todas as tarefas a serem realizadas para cumprir esses objetivos.

Descreva as tarefas de forma neutra

As tarefas devem ser descritas de forma impessoal (neutra), sem detalhar como são executadas. Por exemplo, receber depósitos bancários, envolve as ações de identificar o número da conta, o valor e efetuar o crédito. Evidentemente, essas ações são executadas de forma diferente, se o operador for humano ou uma máquina.

Considere as características de homens e máquinas

Após a descrição das tarefas, deve-se decidir se serão executadas por homens ou máquinas. Dependendo da natureza das tarefas, elas podem ser melhor executadas por homens ou máquinas. As seguintes recomendações podem ser usadas na alocação de tarefas ao homem no lugar das máquinas:

- Os homens são mais criativos que as máquinas na solução de problemas, principalmente daqueles fora da rotina;
- Os homens têm sensibilidade a uma grande variedade de estímulos e podem comunicar-se entre si pela fala, gestos ou olhar;
- Os homens são mais econômicos que as máquinas para tomar decisões complexas e lidar com eventos raros, emergenciais, de baixa frequência;
- Os homens são capazes de continuar operando em situações de sobrecarga, simplificando deliberadamente a tarefa;
- Os homens aprendem com a experiência e são capazes de mudar o curso da ação mediante cálculo, raciocínio e previsão;
- Os homens conseguem filtrar informações e tomar decisões, mesmo com critérios mal definidos.

Por outro lado, as máquinas também tem as suas vantagens:

- As máquinas são mais lógicas e reproduzem fielmente as operações repetitivas;
- As máquinas são mais rápidas e têm maior velocidade de processamento;

- As máquinas podem operar em condições insalubres e em horários inconvenientes;

Na alocação de tarefas homens *versus* máquinas prevalecem, muitas vezes critérios econômicos, pois as máquinas não fazem reivindicações salariais, não fazem greves e nem reclamam das condições de trabalho. É evidente que há um custo de investimento e de manutenção, mas são mais facilmente previsíveis. Contudo, é difícil de colocá-las em atividades não rotineiras e criativas.

5.2 Cargos

Após a alocação das tarefas, elas devem ser agrupadas para a organização dos cargos. Para que um cargo seja interessante para a pessoa que o exerce, deve satisfazer a diversos requisitos, tais como:

- Ser composto de um conjunto de tarefas;
- O ocupante do cargo deve ter controle sobre o seu trabalho;
- Ser adequado ao nível de conhecimento e experiência;
- Não ser muito repetitivo;
- Conter uma mistura de tarefas simples e complexas;
- Poder determinar o seu próprio ritmo, método e a sequência de operações;
- Ter oportunidade de contato social com os outros;
- Ter acesso às informações e recursos necessários.

Esses atributos são melhor analisados nos tópicos abaixo.

O cargo deve conter um conjunto de tarefas

Um cargo é completo quando contém um conjunto coerente de tarefas preparatórias, produtivas e de suporte.

As oportunidades de aprender e controlar estão presentes principalmente nas tarefas preparatórias e de suporte. Essas tarefas, em geral, são de natureza menos repetitiva que as tarefas de produção. Os termos "enriquecimento do cargo" e "alargamento vertical do cargo" são usados para descrever o processo de tornar o cargo mais completo, acrescentando-lhe tarefas mais complexas. Por outro lado, a atribuição de outras tarefas do mesmo nível de complexidade é chamada "extensão do cargo" ou "alargamento horizontal do cargo".

Todos podem contribuir para resolver problemas

Participar na solução dos problemas torna o cargo interessante. Isso é ainda mais válido quando a natureza desses problemas quebra a rotina, incluindo aspectos inéditos. A solução geralmente é encontrada por meio de consultas, que podem ser de três naturezas:

- Consultas informais: são realizadas nos contatos informais com os colegas mais próximos;
- Consultas de trabalho: consultas realizadas formalmente aos colegas e gerentes de linha;
- Trabalho em grupo: a solução é encontrada por grupos constituídos formalmente.

Para que esse sistema de consultas funcione, é necessário criar um clima de confiança entre colegas. Deve haver também um ambiente favorável às discussões, que se busque o consenso na solução dos problemas.

O tempo do ciclo não deve ser inferior a um minuto e meio

Muitos cargos exigem a repetição das mesmas tarefas em pequenos intervalos de tempo. Isso e típico nas linhas de montagem. O tempo do ciclo, para a repetição da mesma tarefa, não deve ser inferior a um minuto e meio. Tarefas mais curtas são extremamente inconvenientes, pois provocam alienação mental e concentram a fadiga em poucos músculos. Neste caso, o trabalhador tem pouca flexibilidade para adaptar o trabalho às características individuais, pois o método, a localização, o ritmo, o ponto inicial e o ponto final estão todos pré-fixados. Os trabalhadores, em situações semelhantes, sentem-se oprimidos, com razão. Portanto, em tarefas altamente repetitivas, é necessário acrescentar outras ações para aumentar o tempo do ciclo e reduzir a monotonia.

Alterne tarefas fáceis e difíceis.

O cargo deve conter uma mistura de tarefas fáceis e difíceis. Se o trabalho for composto apenas de tarefas difíceis, pode provocar estresse e esgotamento mental. Ao contrário, em tarefas muito fáceis, o trabalhador pode sentir monotonia por falta de desafios. Evidentemente, o que é fácil para um, pode ser difícil para outro, dependendo da personalidade, nível de instrução e experiência de cada um.

Deixe o trabalhador decidir

Uma pessoa pode achar o cargo mais interessante se puder, ela mesma, decidir como fazer o seu trabalho. Essa autonomia pode abranger o método de trabalho, o ritmo e a ordem de execução das tarefas. Pode-se incluir também o poder de rejeitar materiais considerados defeituosos e a possibilidade de procurar ajuda, quando sentir necessidade.

Permita contatos sociais

Os contatos com os colegas de trabalho são muito importantes. Esses contatos podem ter os seguintes objetivos:

- Ajudar um colega;
- Discutir sobre o trabalho;
- Comentar outros assuntos fora do trabalho.

O cargo pode tornar-se mais interessante quando esse contato for estendido para mais pessoas ou quando houver mais tempo disponível para isso. Os contatos informais ocorrem quando as pessoas trabalham próximas entre si ou quando saem do seu posto de trabalho, de vez em quando. Os ambientes barulhentos ou com barreiras físicas dificultam esses contatos. Nesse caso, podem ser incluídas pausas no trabalho, para que esses contatos sejam possibilitados. Trabalhadores que passam longo tempo em isolamento sentem tédio e pessimismo.

Forneça informação suficiente sobre as tarefas

Para que as pessoas continuem executando bem as suas tarefas, elas devem receber um fluxo regular de informações. Essas informações podem ser classificadas naquelas especificas sobre as suas tarefas e as de caráter geral, sobre a empresa. Elas podem ser de duas naturezas:

- Realimentação (*feedback*): são as informações sobre a qualidade e a quantidade do trabalho executado, bem como sobre as consequências deste;
- Desempenho programado: são as informações sobre a qualidade e a quantidade do trabalho a ser executado futuramente (próximos dias, próxima semana), bem como sobre as condições em que esse trabalho será executado.

Essas informações devem contribuir para manter o curso do trabalho e para introduzir eventuais correções que se fizerem necessárias, como melhorar o acabamento ou acelerar para completar o lote que precisa ser entregue no prazo. Informações gerais sobre a empresa procuram enfatizar a contribuição do trabalhador para o alcance dos resultados globais.

5.3 Organização do trabalho

A organização do trabalho faz a junção de vários cargos, de acordo com os objetivos da empresa. São aspectos relevantes dessa organização:

- Formas flexíveis de organização;
- Grupos autônomos;
- Estilo gerencial baseado na liderança.

Estes aspectos são descritos abaixo. Deve-se investir sobretudo na criação de grupos autônomos e a na transformação do estilo gerencial, convertendo os chefes em líderes, capazes de estimular os trabalhadores.

5.3.1 Formas flexíveis de organização

As instituições, à semelhança dos seres vivos, devem reagir rapidamente às mudanças ambientais, adaptando-se à concorrência, que leva à renovação dos produtos, serviços e processos de trabalho.

Substitua hierarquias rígidas por estruturas mais flexíveis

As estruturas hierárquicas tradicionais estão sendo substituídas por formas mais flexíveis de organização (Figura 5.2). Os níveis organizacionais reduziram-se a favor de uma estrutura mais "achatada" (os 6 a 7 níveis das estruturas tradicionais reduziram-se a 2 ou 3). As fronteiras entre os níveis organizacionais foram diluídas (mais cooperação para atender aos clientes). Mais tarefas e responsabilidades foram atribuídas aos trabalhadores em todos os níveis. Os trabalhadores cooperam entre si e ajudam-se mutuamente para conseguir os resultados. O papel do gerente mudou. Agora, ele não é mais o chefe, que ordena e controla, mas o líder, que desafia, organiza, propõe e anima.

Para se introduzir esse tipo de mudança na organização, a administração superior precisa de determinação e persistência. Isso é necessário para vencer as resistências e acomodações. Chama-se a isso também de mudança da cultura organizacional. Isso implica em novos meios de comunicação, controle e justificativas. Deve-se investir muito na educação, treinamento e implementação. Em alguns casos é necessário buscar assessorias externas para orientar o processo de mudança.

Flexibilize os controles

Em uma organização flexível, os resultados do trabalho são mais importantes do que a presença nos locais de trabalhos. Os trabalhadores não precisam ter o seu posto fixo de trabalho. O espaço e os equipamentos podem ser usados de forma mais flexível. Muitos trabalhos podem ser realizados na própria casa e enviados por Internet. Em um escritório, isso significa que não existem os "donos" das mesas. Aqueles que chegam, ocupam qualquer mesa vazia. Os objetos pessoais de trabalho ficam colocados em um arquivo móvel.

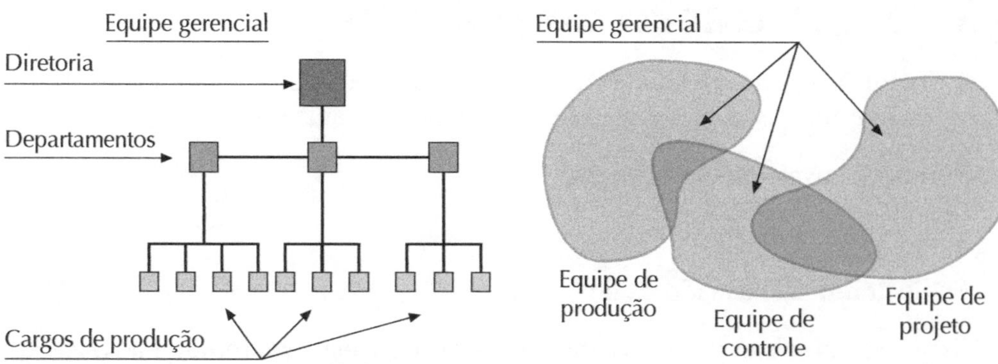

Figura 5.2 — Nas modernas organizações, a estrutura hierárquica foi substituída por formas mais flexíveis.

Flexibilize os horários de trabalho

A flexibilidade pode ser estendida aos horários de trabalho. Cada pessoa pode fazer o seu próprio horário, dependendo de outros compromissos (levar crianças para escola) ou das condições de tráfego. Naturalmente, existe um limite para essa flexibilidade. Existe um núcleo comum em que todos devem estar presentes. No caso da indústria, o processo produtivo pode estabelecer uma forte dependência entre os cargos, restringindo essa flexibilidade. Por exemplo, quando uma linha de produção começa a funcionar, todos devem estar à postos e o material, abastecido. Nesse caso, a flexibilidade pode ser obtida com as tarefas de pré-produção (preparação) e de pós-produção (faxina, arrumação).

5.3.2 Grupos autônomos

O trabalho em grupo é uma alternativa à forma hierarquizada de organização, abolindo-se os controles individuais dos trabalhadores. Um grupo autônomo é um grupo fixo de trabalhadores, responsáveis por determinados processos ou serviços, sem necessidade de uma supervisão contínua.

Essa forma de organização pode contribuir para abreviar os tempos de produção, e melhorar a produtividade e qualidade. Além disso, facilita a introdução de novos produtos, porque os trabalhadores tornam-se também polivalentes, realizando diversas tarefas dentro do grupo. Seguem algumas recomendações para esse trabalho em grupo.

Estabeleça claramente os objetivos do grupo

As atribuições devem ser claramente estabelecidas e igualmente entendidas por todos os membros do grupo. As diversas atribuições do grupo devem estar muito relacionadas entre si. O pontos de partida e os resultados devem ser identificáveis e mensuráveis. Para isso, o grupo deve ser responsável por atingir uma meta intermediária ou final. A Figura 5.3 apresenta exemplo de um grupo que faz inspeções em carros.

Figura 5.3 — É preciso definir claramente a tarefa que cabe ao grupo, com os objetivos e os respectivos pontos de início e de término.

Delegue a tomada de decisões internas ao grupo

Deve-se permitir que os grupos tomem certas decisões sobre o seu próprio trabalho, para que se sintam mais motivados e responsáveis pelos trabalhos que executam. Essas decisões podem abranger os seguintes aspectos:

- distribuição de tarefas entre os membros do grupo;
- método de trabalho;
- ritmo de trabalho;
- supervisão do processo produtivo;
- fluxo interno de informações;
- escolha de liderança no grupo;
- escolha de outros colegas para o grupo.

Organize grupos com 7 a 12 pessoas

O tamanho ideal dos grupos varia entre 7 a 12 pessoas. O tamanho do grupo influencia os seguintes fatores:

- envolvimento dos membros no trabalho em grupo;
- tempo gasto na tomada de decisões;
- produtividade;
- habilidade do grupo em resolver problemas.

Grupos pequenos tomam decisões rápidas e mostram-se mais envolvidos. Grupos maiores podem apresentar melhor produtividade e habilidade para resolver problemas. Contudo, nesses grupos, podem surgir problemas, como dificuldades internas de liderança e conflitos entre os membros.

5.3.3 Mudança de estilo gerencial

Em organizações flexíveis, há uma significativa mudança do estilo gerencial. As pessoas não estão ali simplesmente para cumprir ordens e controlar o trabalho dos outros.

Não atue como chefe, mas como líder

Na organização flexível, as pessoas que ocupam cargos gerenciais devem atuar como líderes e não mais como "chefes". As diferenças entre esses dois estilos gerenciais estão apresentadas na Tabela 5.1.

Tabela 5.1 — As diferenças de estilo entre o chefe e o líder.

O chefe
O chefe não revela tudo, mantém sigilo sobre algumas informações; O chefe conhece tudo — você pode perguntar qualquer coisa a ele; O chefe conhece tudo melhor — e faz questão de demonstar isso; O chefe resolve problemas; O chefe está sempre ocupado com os seus problemas; As comunicações com os subordinados restringem-se aos assuntos de trabalho; Se você acertar, ele nada fala — se errar, recebe uma reprimenda; Se algo falhar, a culpa é sempre do empregado.
O líder
O líder apresenta logo todas as informações disponíveis; O líder não precisa conhecer tudo; O líder e o empregado dependem um do outro; O líder ajuda o empregado a encontrar as suas próprias soluções; O líder dá apoio e facilita o trabalho dos empregados; As comunicações entre o líder e o empregado são mais francas e abertas; O líder interessa-se em ouvir o empregado — pergunta e ouve; Diante de um erro, o líder pergunta o que se pode fazer para evitá-lo.

5.4 Lista de verificação sobre organização do trabalho

Tarefas

1 As tarefas são descritas de um modo impessoal (neutro)?

2 Há análise cuidadosa na alocação da tarefa ao homem ou à máquina?

Cargos

3 Há mais de uma tarefa no cargo?

4 Os trabalhadores são estimulados a resolver problemas?

5 O tempo do ciclo é superior a um minuto e meio?

6 Há alternância entre tarefas difíceis e fáceis?

7 Os trabalhadores podem decidir sobre o modo de realizar as tarefas?

8 Há oportunidades para contatos sociais entre os trabalhadores?

9 A informação fornecida é suficiente para realizar a tarefa?

Organização do trabalho

Formas flexíveis de organização

10 A estrutura hierárquica foi substituída por formas mais flexíveis?

11 As instalações são adaptadas a uma produção mais flexível?

12 Há flexibilidade de horários?

Grupos autônomos

13 As atribuições do grupo são claramente estabelecidas?

14 O grupo é composto de 7 a 12 membros?

Estilo gerencial

15 As chefias foram substituídas por lideranças?

CAPÍTULO 6

O MÉTODO ERGONÔMICO

O método ergonômico pode ser adotado em quase todos os tipos de projetos. A pessoa que faz o aporte de conhecimentos ergonômicos ao projeto é chamada "ergonomista". Ela deve trabalhar sistematicamente e, sempre que necessário, deve recorrer a outros especialistas. Este capítulo apresenta o método ergonômico que pode ser aplicado aos seguintes tipos de projetos:

- Análise ergonômica para aquisição de um produto disponível no mercado;
- Melhoria de um produto ou sistema existente;
- Projeto de um novo produto ou sistema;
- Adaptação de um posto de trabalho;
- Reformulação de um ambiente de trabalho, por exemplo, após automação;
- Projeto de uma fábrica completa.

Nem sempre se aplicam todas as recomendações apresentadas, devido à grande variedade da natureza entre os projetos. Assim, para muitos projetos, algumas recomendações podem ser omitidas, por não serem aplicáveis. As recomendações deste capítulo são feitas a um ergonomista. Contudo, quando o mesmo participa de uma equipe, elas se aplicam também aos demais membros. O papel que um ergonomista exerce em uma equipe pode ser de um:

- Consultor especializado em ergonomia;
- Interlocutor entre projetistas, usuários e gerência.

O capítulo termina com uma lista de verificação, resumindo os conhecimentos apresentados nos capítulos anteriores. Ela deve ser usada para conferir se alguns aspectos importantes não foram esquecidos.

6.1 Gerência do projeto

A principal característica do método ergonômico é a interdisciplinaridade. Assim como a ergonomia reúne conhecimentos de diversas áreas, o projeto em ergonomia reúne diversos tipos de especialistas.

Envolva os usuários no projeto

Uma característica importante do método ergonômico é o envolvimento dos usuários e outros interessados no projeto, desde as suas fases iniciais (ergonomia participativa). Os objetivos visados nesse envolvimento são para:

- Evitar erros no projeto ou compra;
- Aumentar a receptividade;
- Desenvolver mais ideias;
- Identificar estrangulamentos ou dificuldades;
- Ouvir os usuários.

Esse procedimento é importante para se prevenir contra problemas futuros, como erros de projeto e rejeição do produto. Contudo, nem sempre a gerência aceita os métodos participativos. Em outros casos, não há vantagens, porque o produto não se destina a usuários humanos ou há muita pressa em terminar o projeto.

O método de ergonomia participativa deve ser coordenado preferencialmente por uma pessoa que tenha conhecimentos em ergonomia e que tenha habilidades para envolver a participação de outros tipos de interessados no projeto.

Introduza os requisitos ergonômicos tão cedo quanto possível

O ergonomista deve ser convocado o mais cedo possível a colaborar no projeto e deve participar ativamente de todas as suas fases. Apesar disso, é comum ser chamado apenas nas fases finais do projeto. Nesse caso, a contribuição torna-se superficial e a oportunidade de uma participação maior já foi desperdiçada.

Use métodos convencionais

Para que possa contribuir efetivamente, o ergonomista deve usar métodos familiares aos demais membros da equipe. Os projetos ou compras geralmente envolvem as seguintes etapas (Figura 6.1):

- Planejamento inicial: analisar a natureza do projeto (porque o problema existe), formular questões e planejar o desenvolvimento do projeto;
- Coleta de dados: reunir as informações necessárias, verificar as alternativas possíveis;
- Seleção de alternativas: fazer escolha de uma das alternativas para desenvolvimento posterior;

- Implementação: desenvolver e implementar a alternativa escolhida;
- Avaliação: avaliar as consequências do projeto e definir as correções necessárias.

Estas etapas estão mais detalhadas nas cinco seções seguintes.

Use um planejamento flexível

O projeto nunca se desenvolve por etapas lógicas e lineares. Na prática, a cada avanço, é necessário retornar às etapas anteriores, para revisão. Por exemplo, ao coletar os dados, pode parecer que o projeto não foi bem definido e, então, retorna-se à etapa inicial para a reformulação do projeto. Assim, o projeto é constituído por um processo iterativo, composto de avanços e retrocessos.

Divida responsabilidades

Todos os que participam de um projeto dividem as responsabilidades entre si. Para que um trabalho possa ser considerado um "projeto ergonômico", é necessário que o ergonomista participe de todas as suas etapas, e que o produto final tenha realmente as qualidades ergonômicas desejadas pelos usuários ou consumidores.

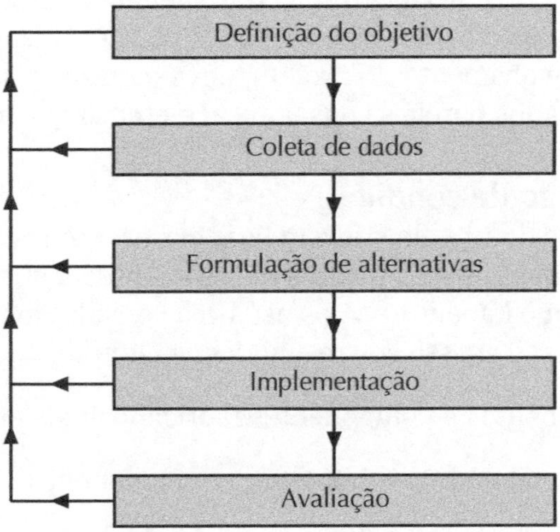

Figura 6.1 — Etapas do projeto.

6.1.1 Planejamento inicial

O projeto começa com a definição de um objetivo. Contudo, isso nem sempre é feito com clareza suficiente, dificultando a participação do ergonomista desde as etapas iniciais. De preferência, esse objetivo deve ser discutido com todos os participantes da equipe. Também deve ficar bem claro, a todos, quem serão os usuários do projeto.

Confirme as pessoas envolvidas

Para o sucesso em um projeto, é importante relacionar todas as pessoas envolvidas, incluindo:

- Clientes externos (usuários, consumidores);
- Clientes internos (diretores, gerentes);
- Componentes da equipe de projeto;
- Outras pessoas que podem contribuir, por exemplo, especialistas e fornecedores.

Tão logo a equipe de projeto seja constituída, deve-se discutir a forma de aproveitar as opiniões de outras pessoas. Os futuros usuários, por exemplo, devem participar de uma comissão de acompanhamento. As informações sobre o projeto devem ficar disponíveis a todas as pessoas envolvidas.

Assegure a colaboração de todos

A colaboração de todos os envolvidos no projeto é importante para o seu sucesso. Em uma empresa, isso inclui os trabalhadores, gerentes e fornecedores. Essa colaboração deve ser buscada desde as fases iniciais do projeto, começando com uma boa apresentação do mesmo. Também devem ser discutidas a metodologia e os possíveis benefícios a serem gerados. Para manter o espírito de colaboração durante todo o desenvolvimento do projeto, deve-se fazer constantes avaliações e discussões dos resultados parciais conseguidos e etapas que ainda restam.

Estabeleça um código de conduta

Os procedimentos de trabalho devem ficar claros a todos os membros da equipe. Por exemplo, definindo-se os lugares e documentos a que terão acesso. Esses procedimentos devem estabelecer se os usuários consultados durante o desenvolvimento do projeto terão acesso aos resultados, incluindo:

- Acesso aos documentos e componentes fabricados pela empresa;
- Grau de confidencialidade dos trabalhos em andamento.

As informações individuais coletadas devem ser tratadas sempre com sigilo. Inclusive, uma pessoa não deve ter acesso a resultados ou opiniões de outra. Os clientes também não devem ter acesso a esses dados individuais. As informações só devem ser liberadas sem identificação das pessoas. Também podem ser transformadas em dados estatísticos, para descaracterizar a individualidade das fontes.

Evite criar falsas expectativas

A consulta a um usuário deve ser precedida por uma boa conversa sobre o objetivo, para evitar qualquer tipo de mal-entendido. Às vezes, um usuário insatisfeito, quando recebe a visita de um ergonomista, espera resultados imediatos.

Essa expectativa não deve ser criada, principalmente quando a visita tiver apenas o objetivo de levantar dados comparativos, para projetos semelhantes. Nesse caso, não significa necessariamente que serão introduzidas mudanças naqueles aspectos consultados. Além do mais, o usuário pode associar a visita a outros eventos puramente coincidentes, como demissões ou transferências de empregados.

Estabeleça cronograma para as mudanças

Em sistemas de produção, as modificações introduzidas em um setor podem influenciar outros setores. Contudo, muitas vezes, não se podem introduzir todas as modificações de uma só vez, devido a uma série de motivos, inclusive falta de recursos financeiros. Em outros casos, é aconselhável fazer uma implantação experimental em algum setor selecionado. Por exemplo, um novo sistema de computação é introduzido apenas no controle de estoques da empresa. Nesse caso, deve haver um plano para o futuro, que todos conheçam, para não se sentirem discriminados.

Descreva antecipadamente todas as etapas

Todas as etapas do projeto devem ficar bem claras a todos os participantes, desde o início. Estas incluem principalmente as etapas de avaliação: quando, como e quem fará as avaliações. Essas avaliações podem descobrir possíveis falhas do projeto e propor a sua reformulação. Também podem elaborar sugestões sobre métodos de trabalho. Isso pode ser útil para outros projetos de natureza semelhante.

6.1.2 Coleta de dados

Na fase de coleta de dados, os aspectos relevantes para o projeto são colocados no papel. Isso abrange a listagem de reclamações, ideias, desejos, sugestões. Esses dados servem para conferir os seguintes aspectos da solução adotada:

- Segurança e conforto da solução adotada;
- Desempenho, ou seja, se a solução é viável técnica e economicamente

Outro aspecto importante é a usabilidade, que pode ser determinada de forma objetiva ou subjetiva:

- Objetiva: refere-se à eficiência, medida por alguma variável quantificável, como velocidade, vazão ou índice de erros;
- Subjetiva: refere-se à aceitação, ligada a gosto, estética, simpatia e outros elementos não quantificáveis.

Defina a forma de processamento antes de iniciar a coleta

Antes de começar a coleta de dados, é necessário pensar na forma de processá-los. Esse método de processamento deve ser testado, antes que se perca tempo levantando inúmeros dados que podem ser inúteis. É necessário definir também a forma de validar os dados coletados. Por exemplo, no caso de medidas antropométricas realizadas por várias medidores, é necessário conferir se eles estão usando os mesmos critérios. Isso pode ser feito adotando-se uma determinada pessoa como padrão. Se houver consistência dos métodos, as medidas dessa pessoa, tiradas por diferentes medidores, devem coincidir.

Selecione mais de uma técnica de análise

Dependendo dos aspectos que se quer analisar, podem ser utilizadas diferentes técnicas de coleta e análise de dados. É interessante usar mais de uma técnica, lado-a-lado, a fim de obter uma compreensão melhor da situação. Entre elas, destacam-se:

- Análise de documentos e estatísticas, como índices de absenteísmos, consultas ao serviço médico e outros;
- Observações sobre eventos relevantes, como o excesso de retrabalho para corrigir erros;
- Entrevistas conduzidas por questionários mais ou menos estruturados, dependendo das circunstâncias;
- Discussões com pequenos grupos de usuários (6 a 12 pessoas);
- Questionários escritos dirigidos a um grande número de usuários;
- Métodos experimentais, para obter dados sob condições controladas, tanto em laboratório como em campo.

A escolha dessas técnicas e a utilidade das mesmas dependem de cada projeto específico e da habilidade do projetista.

Comece com análise das informações existentes

O trabalho de um ergonomista deve começar com um levantamento das informações existentes, que inclui a documentação do projeto e a literatura especializada em ergonomia. Já existe uma boa bibliografia geral sobre ergonomia (ver no capitulo 7). Geralmente, podem-se obter informações mais recentes em revistas e anais de congressos científicos.A documentação do projeto é importante porque a história do projeto pode influir no seu desenvolvimento futuro.

Verifique se não há distorções da realidade

Frequentemente, o ato de observar ou medir pode provocar distorções dos resultados. Se uma pessoa sentir que está sendo observada ou medida, apresentará alterações fisiológicas, como aumento do ritmo cardíaco e da pressão sanguínea. Seu comportamento também pode modificar, passando a trabalhar mais rápido ou mais devagar. Os erros podem aumentar. Essas influências podem ser reduzidas, colocando-se as pessoas à vontade. Se forem observadas alterações no comportamento, as primeiras medidas podem ser desprezadas, até que a pessoa consiga adotar um ritmo normal ou uma postura natural no trabalho.

6.1.3 Seleção das alternativas

É importante explorar todas as alternativas possíveis antes de adotar uma solução. Na fase incial na busca dessas alternativas não se devem adotar restrições muito rígidas ou posturas restritivas. Por exemplo, antes de comprar um certo artigo, é bom verificar todos aqueles existentes no mercado. Durante o projeto, deve ser gerado o máximo de alternativas possíveis. Nesse particular, a consulta aos livros, revistas, *softwares* e bases de dados especializados pode ser benéfica na geração de ideias (ver o capitulo 7).

Não espere soluções prontas

Os livros, revistas, *softwares* e bases de dados não apresentam soluções prontas para um problema, mas fornecem informações úteis. Essas fontes devem ser usadas junto com outros tipos de ajuda, como modelos humanos em escala. Atualmente, existem programas de computador que apresentam essas modelos, inclusive com animação, mostrando os movimentos corporais (Figura 6.2.) Outros modelos, também chamados manequins, podem ser construídos em escalas bi ou tridimensionais. A Figura 6.3 apresenta um modelo bidimensional transparente, que pode ser colocado em cima de projetos de mesas ou de bancadas, na mesma escala. A Figura 6.4 mostra as peças de um manequim bidimensional articulado.

Teste o protótipo

Muitas sugestões de melhoria são apresentadas pelas pessoas que tem oportunidade de testar um protótipo. Isso contribui também para aumentar a aceitação do projeto nas etapas seguintes. Uma maquete em escala natural, feita de madeira ou papelão, pode ser testada com os sujeitos reais, e pode ser modificado com rapidez e baixo custo. As simulações em computador também podem ser usadas para prever reações dos usuários e pode ser útil, mais tarde, para o treinamento desses usuários.

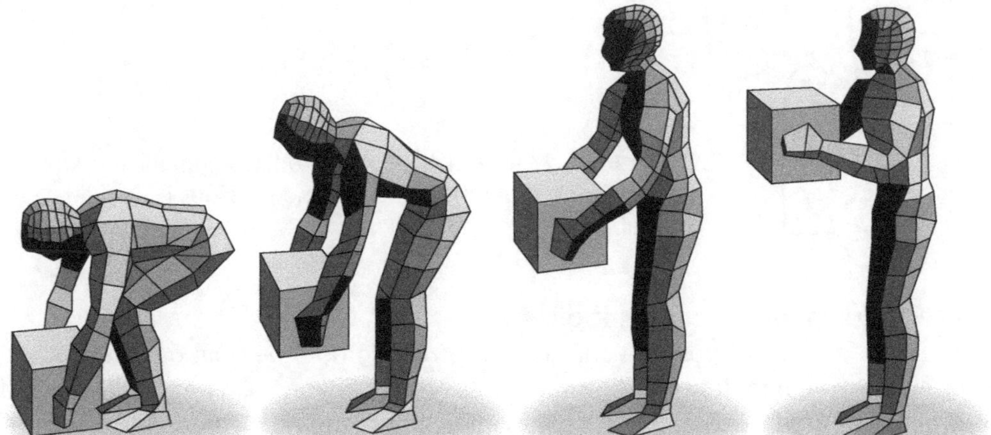

Figura 6.2 — Exemplo de *software* mostrando o levantamento correto de carga.

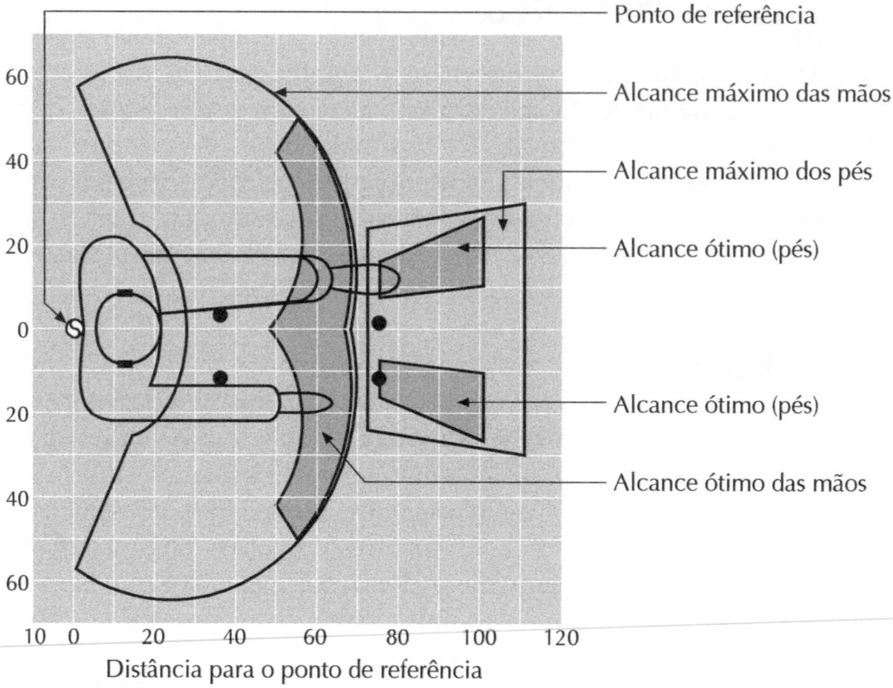

Figura 6.3 — O modelo mostra os alcances máximos e ótimos para as mãos e os pés, na postura sentada (vista superior).

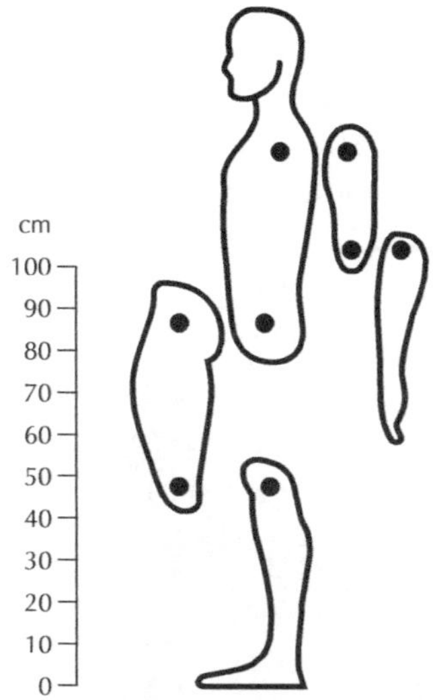

Figura 6.4 — Os manequins (modelos humanos) podem ajudar no dimensionamento e no teste dos postos de trabalho.

Não se esqueça dos usuários indiretos

Existem diversos tipos de usuários indiretos, como o pessoal de limpeza e de manutenção, que não devem ser esquecidos. Muitas vezes, esse pessoal é relegado a um plano secundário, porque o projetista assume que os mesmos terão contato apenas esporádico com os produtos. Contudo, as opiniões desses trabalhadores, que passam o dia todo limpando ou consertando, podem ser bastante úteis.

6.1.4 Implementação do projeto

O próximo passo é colocar em ação o produto ou sistema que foi considerado como a melhor alternativa. Para isso, devem-se realizar as seguintes atividades:

- Instalação e teste do produto ou sistema;
- Projeto do posto de trabalho;
- Treinamento e assistência aos usuários;
- Mudanças organizacionais;
- Aceitação do novo produto ou sistema.

Esses aspectos são abordados nos tópicos seguintes.

Elabore uma estratégia para introdução da inovação

Existem diversas maneiras para assegurar uma transição harmoniosa do antigo para o novo projeto ou sistema. A escolha da estratégia correta depende do tipo de projeto.

Sem transição — Ocorre quando o projeto é completamente novo e não há o sistema antigo. Os operadores são recrutados e treinados para operar um sistema com o qual não tiveram contato anterior.

Transição direta — Em um dado momento, o antigo produto ou sistema é substituído completamente pelo novo. Há tanto mudanças tecnológicas quanto organizacionais. A produtividade logo após a implantação deve cair, para voltar a subir gradativamente.

Aplicação paralela — O velho e o novo funcionam lado a lado durante certo tempo. Os usuários devem ser informados sobre as vantagens do novo sistema. Do contrário, continuarão usando o velho, que lhes é mais familiar.

Introdução gradual — O novo produto ou sistema é colocado em uso gradualmente. Por exemplo, um tipo de equipamento pode ser substituído departamento a departamento, um de cada vez. A aceitação pode ser difícil se as vantagens da nova solução não for facilmente percebida pelos usuários. É necessário que essa substituição seja acompanhada das informações e esclarecimentos necessários, a fim de reduzir as resistências em aceitar o novo produto ou sistema.

Introdução descontínua — Nesse caso, o novo sistema ou produto é colocado e retirado do uso diversas vezes. Tem a desvantagem de desacostumar os usuários, e os resultados poderão ser influenciados por essa descontinuidade.

Execute testes devem ser realistas

Os produtos ou sistemas devem ser testados da forma mais realista possível, simulando as condições reais de uso. Isso significa, por exemplo, que um sistema para cadastramento automático deve permitir o seu preenchimento completo, observando-se como os usuários reais "navegam" nesse sistema.

Treine todos os usuários

Todas as pessoas envolvidas na produção e uso do novo produto ou sistema devem receber algum tipo de treinamento. Esse treinamento não precisa ser uniforme para todas as pessoas. Algumas pessoas-chaves podem receber um treinamento intensivo e elas próprias poderão treinar os seus colegas ou subordinados.

Providencie bons manuais

Boas instruções escritas (manuais) são essenciais para a implementação do sistema. Além disso, não se pode esperar que os usuários se lembrem de todos os detalhes apresentados verbalmente. Contudo, os materiais escritos não substituem a explicação verbal que pode ser mais rica. Os manuais devem ser vistos como ajuda para a memória, complementando as explicações verbais.

A documentação deve ser adequada ao objetivo desejado. Se o manual for usado apenas como referência, não há necessidade de apresentar descrições detalhadas do processo. Contudo, muitos usuários querem saber o que ocorreu, no caso de falhas. Muitos manuais descrevem as ações do operador, seguidos dos seus respectivos efeitos. Para o usuário, pode ser mais interessante ter uma visão global dos efeitos, para depois, selecionar as ações que devem ser executadas. Os manuais nunca devem ser considerados como substitutos de um projeto falho.

Envolva os usuários nas mudanças

As responsabilidades pelas tarefas necessárias para fazer a migração do velho para o novo devem ser claramente atribuídas. Essas tarefas normalmente recaem sobre os projetistas técnicos, instrutores e ergonomistas. É aconselhável também atribuir tarefas aos usuários potenciais, de modo a comprometê-los com as mudanças.

Convença os usuários

É necessário convencer os usuários sobre as vantagens do projeto. Muitas vezes, essas vantagens não aparecem de imediato. Em alguns casos, quando os resultados dependem de alguns indicadores, só aparecem a longo prazo. Exemplos desses indicadores são a redução de acidentes e doenças ocupacionais. Se, eventualmente, houver também algumas desvantagens, estas não devem ser escamoteadas. Elas devem ser apresentadas, mas demonstrando que são superadas pelas vantagens. A gerência também deve ser convencida das vantagens oferecidas pelo novo produto ou sistema.

6.1.5 Avaliação

Às vezes, apesar de todos os cuidados, certos aspectos do projeto não são satisfatoriamente resolvidos. Podem conter algumas falhas que exigem ajustes posteriores. Devido a isso, todos os projetos precisam ser sistematicamente avaliados após a implantação. É necessário verificar se os resultados atendem aos objetivos inicialmente fixados. Em outras palavras, se os resultados finais satisfazem aos objetivos iniciais.

Compare os desempenhos

Toda vez que houver uma mudança, o desempenho da nova situação deve ser comparado com aquela antiga. Para isso, é necessário gerar uma série de dados comparáveis entre si. É importante, por exemplo, que o formato desses dados seja preservado e que se refiram às mesmas variáveis. Em outros casos, torna-se necessário reexaminar a descrição formal das atividades no papel, antes de compará-la com informações obtidas das entrevistas com usuários.

Não se deixe influenciar pelos problemas de transição

Não se devem tomar decisões baseadas em avaliações feitas logo após a implantação do projeto. Essas avaliações iniciais, muitas vezes, levam a uma ideia errada do produto ou sistema. Algumas pessoas resistem ao novo projeto, simplesmente por conservadorismo, por melhor que ele seja. Outras demoram um certo tempo para se acostumarem com as mudanças. Pode também acontecer o contrário: as pessoas se entusiasmam com a novidade, mas isso pode ser uma coisa passageira. No caso de automação de um sistema, no começo, as pessoas podem achá-la interessante. Entretanto, com o passar do tempo, a monotonia pode aumentar e, o sistema antigo, despertar saudades.

Cuidado com a formação de hábitos errados

As pessoas costumam adaptar-se a diferentes situações e isso pode ser uma vantagem. Contudo, isso pode distorcer a avaliação, porque elas podem adaptar-se a uma situação indesejável. Com o tempo, essas pessoas deixam de perceber essa situação indesejável e passam a aceitá-la como normal. Torna-se necessário, então, examinar cuidadosamente se o novo produto ou sistema está sendo usado da forma prevista.

6.2 Lista de verificação sobre o método ergonômico

Uma lista de verificação pode ser usada com diferentes finalidades durante a aplicação do método ergonômico, por exemplo, para:

- Evitar o esquecimento de alguns aspectos do projeto;
- Prever os problemas que podem surgir;
- Medir os efeitos da implementação;
- Obter ideias ou soluções alternativas.

Prepare a sua própria lista

Na prática, o ergonomista deve preparar a sua própria lista, de acordo com as suas necessidades específicas. Para isso, pode valer-se de outras listas já existentes, incluindo aqueles aspectos que se quer verificar. Por exemplo, uma lista preparada para verificar o ambiente de trabalho de um escritório não pode ser aplicada a uma indústria siderúrgica, na qual os tópicos devem ser bem diferentes.

Uma lista de verificação pode ser associada a um sistema de pontuação, para que a avaliação possa ser convertida em um escore. Dessa forma, as alternativas podem ser comparadas de forma mais objetiva.

A lista abaixo apresentada só aborda os aspectos gerais, para os quais, as respostas podem ser *sim* ou *não*. Os tópicos foram extraídos dos conhecimentos apresentados nos capítulos anteriores.

Lista de verificação

Fatores do projeto (Capítulo 6)

Aspectos gerais

1 Os usuários estão envolvidos no projeto?

2 Os requisitos ergonômicos são introduzidos na etapa inicial do projeto?

3 Está estabelecido um método para a gerência do projeto?

4 O planejamento é flexível?

5 Entende-se que a cooperação implica em responsabilidade?

Planejamento inicial

6 Os participantes da equipe do projeto estão definidos?

7 Os patrocinadores do projeto estão envolvidos?

8 Os membros do grupo concordam com o código de conduta?

9 Estão eliminadas as falsas expectativas dos usuários?

10 Os limites do projeto estão definidos?

11 As etapas do projeto estão descritas?

Coleta de dados

12 Definiu-se previamente a forma de processar dados?

13 Há mais de uma técnica escolhida para análise de dados?

14 As informações existentes são examinadas previamente?

15 Há cuidados para não se coletar dados distorcidos?

Seleção das alternativas

16 Está claro que os livros, revistas e *softwares* não apresentam a solução completa?

17 Há usuários envolvidos no teste do protótipo?

18 Os usuários indiretos são considerados?

Implementação

19 A estratégia de implantação é definida com antecedência?

20 Os testes são realísticos?

21 Os usuários estão treinados?

22 Há bons manuais para a implantação?

23 Há aproveitamento das sugestões dos usuários?

24 Os usuários estão convencidos das inovações?

Avaliação

25 Há coerência dos dados para avaliação?

26 Os efeitos da introdução inicial são contornados?

27 Há cuidados para o caso de formação de hábitos errados?

Tarefas, cargos e organização do trabalho (Capítulo 5)

Tarefas

28 As tarefas são descritas de forma impessoal?

29 A distribuição de tarefas entre a máquina e o homem é feita criteriosamente?

Cargos

30 O cargo é composto por mais de uma tarefa?

31 Os trabalhadores estão envolvidos na solução de problemas?

32 O tempo do ciclo em trabalhos repetitivos é maior que um minuto e meio?

33 Há alternância entre tarefas difíceis e fáceis?

34 Os trabalhadores têm liberdade para decidir sobre o método e o ritmo para realizar as suas tarefas?

35 Há oportunidades para realizar contatos sociais com os colegas?

36 As informações fornecidas são suficientes para o controle da tarefa?

Organização do trabalho

Estruturas flexíveis

37 A estrutura hierarquizada é substituída por formas mais flexíveis?

38 As condições físicas de trabalho são compatíveis com a flexibilidade?

39 Há flexibilidade de horários de trabalho?

Grupos autônomos

40 As atribuições do grupo estão claras?

41 O grupo é formado de 7 a 12 pessoas?

Estilo gerencial

42 Os gerentes comportam-se como líderes em vez de chefes?

Fatores biomecânicos, fisiológicos e antropométricos (Capítulo 2)

43 As articulações corporais são mantidas sem estresse, na posição neutra?

44 O trabalho é mantido o mais próximo possível do corpo?

45 A inclinação do corpo para frente é evitada?

46 A postura com corpo contorcido é evitada?

47 Os movimentos e forças exercidas bruscamente são evitados?

48 Há possibilidade de variações frequentes da postura e dos movimentos?

49 A contração estática do músculo é limitada no tempo?

50 Evita-se o esforço muscular que leve à sua exaustão?

51 Há pausas curtas distribuídas ao longo de toda a jornada de trabalho?

Fatores fisiológicos

52 O consumo de energia para cada tarefa está dentro dos limites?

53 Há pausa para recuperação após uma tarefa pesada?

Fatores antropométricos

54 São consideradas as diferenças individuais das medidas antropométricas?

55 São usadas tabelas antropométricas adequadas para os usuários do produto ou sistema?

Fatores relativos à postura

56 Foi selecionada a postura básica para o trabalho?

Postura sentada

57 A postura sentada é alternada com aquela em pé e andando?

58 As alturas do assento e do encosto são ajustáveis?

59 As possibilidades de ajustes são em número limitado?

60 São providenciadas instruções sobre forma correta de sentar?

61 As características específicas do assento são adequadas à tarefa?

62 A altura da superfície de trabalho é adequada à tarefa?
63 Há conjugação entre a altura da superfície de trabalho e a do assento?
64 Há apoio para os pés no caso de trabalho com altura fixa?
65 Os alcances excessivos para as mãos e pés são evitados?
66 Há superfícies inclinadas para as leituras e outras tarefas visuais?
67 O espaço para as pernas sob a superfície de trabalho é suficiente?

Trabalho em pé

68 A postura em pé é alternada com aquela sentada e andando?
69 A altura da superfície de trabalho é adequada para o tipo da tarefa?
70 A altura da superfície de trabalho é ajustável?
71 O uso de estrados é evitado?
72 Há espaço suficiente para acomodar as pernas e os pés?
73 Os alcances excessivos para as mãos e os pés são evitados?
74 Há inclinação da superfície para as leituras e outras tarefas visuais?

Mudança de postura

75 O trabalho é planejado para permitir frequentes mudanças de postura?
76 Os postos de trabalho permitem alternar as posturas sentado/em pé?
77 Há facilidade de mudanças nas posturas sentadas?
78 Há selim para permitir apoio das nádegas na posição em pé?

Posturas dos braços e mãos

79 O equipamento escolhido é adequado para a tarefa?
80 A pega da ferramenta é curvada para evitar torções do punho?
81 As ferramentas manuais não são muito pesadas?
82 Há uma boa manutenção e conservação das ferramentas?
83 A forma das pegas é adequada ao seu manejo?
84 O trabalho acima do ombro é evitado?
85 O trabalho com as mãos para trás do corpo é evitado?

Fatores relacionados com o movimento

Levantamento de cargas

86 As tarefas com deslocamentos manuais de cargas são evitadas?
87 O levantamento de cargas é realizado em condições adequadas?
88 O levantamento de cargas é mantido abaixo e, se possível, bem abaixo de 23 kg?
89 É aplicada a fórmula de NIOSH para calcular a carga máxima?

90 Os pesos das cargas unitárias a serem levantadas não são muito pequenos?
91 O posto de trabalho é adaptado para o levantamento de cargas?
92 Há alças ou furos para encaixar os dedos nos volumes a serem carregados?
93 O volume tem forma adequada para o carregamento?
94 São usadas boas técnicas para o levantamento de pesos?
95 O levantamento de grandes cargas é feito em equipe?
96 São usados acessórios para o levantamento?

Carregamento de pesos

97 O peso do carregamento é limitado?
98 A carga é mantida tão próxima do corpo quanto possível?
99 Há pegas adequadas para segurar a carga?
100 A dimensão vertical do volume é limitada?
101 O carregamento com apenas uma das mãos é evitado?
102 São usados equipamentos de transporte?

Puxar e empurrar

103 As forças para puxar e empurrar são limitadas?
104 O peso do corpo é usado a favor do movimento de puxar ou empurrar?
105 Os carrinhos são dotados de pegas?
106 Os carrinhos são dotados de duas rodinhas móveis?
107 O piso possuem firmeza?

Fatores ambientais (Capítulo 4)

Ruídos

Recomendações sobre ruídos

108 O nível de ruídos é mantido abaixo de 80 decibéis?
109 O desconforto provocado pelo ruído é evitado?
110 O silêncio não é excessivo?

Redução do ruído na fonte

111 É escolhido um processo silencioso de trabalho?
112 São usadas máquinas e equipamentos silenciosos?
113 Há uma boa manutenção das máquinas?
114 As máquinas barulhentas estão isoladas?

Redução do ruído pelo projeto e organização do trabalho

115 Os trabalhos barulhentos estão separados daqueles silenciosos?
116 As fontes de barulho são mantidas a distância?
117 O teto e piso são revestidos com material acústico?
118 Há biombos acústicos separando os ambientes?

Proteção dos ouvidos

119 Há equipamentos adequados de proteção individual contra ruídos?

Vibrações

Recomendações sobre vibrações

120 As vibrações incômodas são evitadas?
121 Choques e solavancos são evitados?

Prevenção das vibrações

122 A vibração é isolada na fonte?
123 Há manutenção regular das máquinas?
124 Há barreiras para impedir a transmissão das vibrações?
125 As medidas para proteger o indivíduo são usadas como último recurso?

Iluminação

Intensidades luminosas

126 A intensidade luminosa do ambiente geral é mantida entre 20 e 200 lux?
127 A intensidade luminosa sobre a tarefa é mantida entre 250 e 750 lux?
128 A intensidade luminosa para tarefas minuciosas é mantida entre 750 e 5.000 lux?

Diferenças de brilho

129 As grandes diferenças de brilho no campo visual são evitadas?
130 Há proporção adequada das diferenças de brilho entre a tarefa, o ambiente imediato e o ambiente geral?
131 Evitaram-se cores muito frias e muito quentes para ambientes internos?

Melhoria da iluminação

132 A informação é facilmente legível?
133 A iluminação ambiental é combinada com a iluminação localizada na tarefa?
134 A luz natural é usada também para a iluminação ambiental?

135 As fontes de luz estão localizadas convenientemente?
136 As reflexões e sombras são evitadas?
137 É usada luz difusa?
138 É evitada a intermitência da luz fluorescente?

Controle do clima

Conforto térmico

139 Possibilidade de controlar o clima no ambiente de trabalho?
140 A temperatura do ar é adequada para o nível de esforço físico?
141 O ar não fica muito úmido ou muito seco?
142 São evitadas as superfícies radiantes muito quentes?
143 As correntes de ar são evitadas?

Frio e calor

144 O clima não oscila entre muito quente e muito frio?
145 Os materiais manuseados não são muito quentes ou muito frios?

Controle do clima

146 As tarefas de exigências físicas semelhantes estão agrupadas na mesma sala?
147 As exigências físicas da tarefa estão ajustadas ao clima?
148 A velocidade do ar é ótima?
149 As radiações muito quentes são evitadas?
150 A duração da tarefa em ambientes muito quentes ou muito frios é limitada?
151 Há roupas especiais para trabalhar em ambientes muito quentes ou muito frios?

Substâncias químicas

Exposição a substâncias químicas

152 A concentração de substâncias químicas no ar é mantida dento dos limites de tolerância?
153 As substâncias cancerígenas são evitadas?
154 A exposição dos trabalhadores aos picos de poluição é evitada?
155 A exposição à mistura de várias substâncias é evitada?
156 A concentração de substâncias químicas no ar fica muito abaixo dos limites de tolerância?
157 As etiquetas das embalagens de produtos químicos informam sobre os perigos de seus conteúdos?

Controle da poluição na fonte

158 A fonte de poluição pode ser eliminada?

159 A liberação de substâncias nocivas pode ser reduzida na fonte?

160 A fonte de poluição pode ser isolada?

Ventilação e exaustão

161 Pode-se evitar a propagação de poluentes no ar com uma exaustão junto à fonte?

162 O sistema de exaustão do ar é eficiente?

163 É prevista uma regulagem térmica localizada, quando se usa ventilação ou exaustão?

164 Há uma troca suficiente do ar no ambiente?

Proteção individual

165 É possível aplicar medidas organizacionais para proteger o trabalhador?

166 Os equipamentos de proteção individual estão disponíveis?

167 Existem máscaras de gás e de poeira para uma emergência?

168 Existem aventais e luvas para proteção?

169 Presta-se atenção à higiene pessoal?

Informação e operação (Capítulo 3)

O usuário

170 A população de usuários é definida com precisão?

171 São consideradas as diferenças culturais?

Informações visuais

172 São evitados os textos escritos apenas com letras maiúsculas?

173 É usado um tipo familiar de letras?

174 A confusão entre caracteres é evitada?

175 É escolhido um tamanho correto dos caracteres?

176 Os espaçamentos entre linhas são proporcionais aos seus comprimentos?

177 Há um bom contraste entre figura e fundo?

178 Os gráficos podem ser facilmente entendidos?

179 Os símbolos são usados adequadamente?

Audição

180 As informações sonoras são reservadas apenas para alarmes?

181 O som tem uma intensidade correta?

182 A voz sintetizada não se confunde com a fala?

Outros sentidos

183 As informações via tato, odor e temperatura são reservadas apenas para alarmes?

184 O tato e o senso cinestésico são usados para *feedback* de controles?

185 São usados diferentes sentidos para informações simultâneas?

Controles operacionais

Controles fixos

186 O teclado segue padrões conhecidos?

187 Há limitação da quantidade de teclas de função?

188 O cursor utilizado é adequado ao tipo de tarefa?

189 Evita-se uso exclusivo do mouse?

190 As telas *touch screens* são usadas em aparelhos portáteis?

191 Os pedais são usados para substituir as mãos apenas nos casos necessários?

192 São evitados os acionamentos involuntários?

193 Os letreiros e símbolos são adequadamente utilizados?

194 Há limitação no uso de cores?

195 O movimento de controle segue a direção esperada pela maioria?

196 A posição do controle indica claramente o sua finalidade?

Controles remotos

197 Os controles remotos são usados para proporcionar maior liberdade aos usuários?

198 Evita-se o uso dos controles sem as mãos para informações precisas?

199 O reconhecimento da voz ocorre em ambientes silenciosos?

Diálogos

Usabilidade

200 O diálogo é adequado à tarefa e habilidades do usuário?

201 O diálogo torna claro o que se deve fazer em seguida?

202 O usuário pode controlar a velocidade e sequência do diálogo?

203 O diálogo é consistente?

204 O diálogo é fácil de ser lembrado?

205 O diálogo pode ser individualizado?

206 O diálogo pode ser aprendido facilmente?

Diferentes formas de diálogos

207 Os menus são acessíveis aos usuários pouco experientes?

208 As limitações das entradas (inputs) são conhecidas?

209 As linguagens de comando foram reservadas apenas para os experientes?

210 A manipulação direta é consistente?

211 Há reconhecimento das desvantagens da linguagem natural?

Ajudas

212 O tipo de ajuda é adequado ao nível do usuário?

Projeto de websites

213 O comportamento do usuário de website pode ser previsto?

214 A apresentação do website independe do equipamento (hardware) e do navegador (*browser*)?

215 O conteúdo do website é compreensível e navegável?

Interação móvel

216 A interação móvel é utilizado para conteúdos simples?

217 O *layout* da tela e a navegação são adaptadas às necessidades dos usuários?

Realidade virtual

218 Há formas adequadas de manipular os objetos escolhidos?

219 Os jogos se adaptam ao nível de experiência dos usuários?

Questão geral

220 Você mesmo quer decidir como realizar a sua tarefa?

CAPÍTULO 7

FONTES ADICIONAIS DE INFORMAÇÕES

Este Capítulo apresenta informações adicionais para aqueles que querem aprofundar-se no estudo da ergonomia. Na primeira parte apresentamos uma bibliografia selecionada e classificada por assuntos. Em seguida, uma lista dos principais periódicos. Depois, uma lista de websites que poderão ser úteis. No final, apresentamos uma lista de normas técnicas da ISO relacionados com aplicações da ergonomia.

7.1 Livros sobre ergonomia

As orientações e recomendações apresentadas neste livro foram baseadas na literatura que se segue. Os livros mais abrangentes aparecem primeiro, seguido daqueles mais especializados, organizados de acordo com os capítulos deste livro.

7.1.1 Referências gerais

Bridger, R.S., 2003, *Introduction to Ergonomics*. New York: McGraw-Hill. ISBN 0415273781

Eastman Kodak Company, 2003, 2ª ed. Wiley. ISBN 978-0471418634

Helander, M., 2005, *A Guide to Human Factors and Ergonomics*. 2ª ed. CRC Press. ISBN 0415282489

Karwowski, W. (ed.), 2005, Handbook of Standards and Guidelines *in Ergonomics and Human Factors*. Lawrence Erlbaum Associates. ISBN 0805841296

Karwowski, W. (ed.), 2006, *International Encyclopedia of Ergonomics and Human Factors*. CRC Taylor & Francis. ISBN 041530430X

Konz, S. e Johnson, S., 2004, Work Design: *Industrial Ergonomics*. 6ª ed. Scottsdale, Arizona: Holcomb Hathaway. ISBN 978-1890871482

Kroemer, K.H.E. 2005 "*Extra-Ordinary*" *Ergonomics: How to Accommodate Small and Big Persons, The Disabled and Elderly, Expectant Mothers, and Children*. CRC Taylor & Francis. ISBN 0849336686

Kroemer, K.H.E. e Grandjean, E. (ed.), 1997, *Fitting the Task to the Human: A Textbook of Occupational Ergonomics*. 5ª ed. London: Taylor & Francis. ISBN 0748406654

Marras, W.S. e Karwowski W., 2006, *Fundamentals and Assessment Tools for Occupational Ergonomics. The Occupational Ergonomics Handbook*. 2ª ed. CRC Taylor & Francis. ISBN 0849319374

Marras, W.S. e Karwowski W., 2006, Interventions, Controls, and Applications *in Occupational Ergonomics. The Occupational Ergonomics Handbook*. 2ª ed. CRC Taylor & Francis. ISBN 0849319382

Norman, D.A., 2002, *The Design of Everyday Things*. Basic Books. ISBN 978-0465067107.

Salvendy, G. (ed.), 2006, *Handbook of Human Factors and Ergonomics*. 3ª ed. Wiley. ISBN 978-0471449171

Wickens, C.D., Gordon, S.E. e Liu, Y., 2003, *An Introduction to Human Factors Engineering*. 2ª ed. Prentice Hall. ISBN 978-0131837362

7.1.2 Livros sobre postura e movimento

Cacha, C.A., 1999, *Ergonomics and Safety in Hand Tool Design*. CRC Press. ISBN 978-1566703086

Chaffin, D.B., Andersson, G.B.J. e Martin, B.J., 2006, *Occupational Biomechanics*. 4ª ed. New York: John Wiley. ISBN 978-0471723431

Delleman, N.J., Haslegrave, C.M. e Chaffin, D.B., 2004, *Working Postures and Movements*. CRC Press. ISBN 978-0415279086

Kumar, S. (ed.), 1999, *Biomechanics in Ergonomics*. CRC Press. ISBN 0748407049

Nordin, M., Andersson, G.B.J. e Pope, M.H., 2006, *Musculoskeletal Disorders in the Workplace: Principles and Practice*. Mosby. ISBN 978-0323026222

Pheasant, S. e Haslegrave, C., 2006, *Bodyspace: Anthropometry, Ergonomics and the Design of Work*. 3ª ed. CRC Press. ISBN 0415285208

Putz-Anderson, V. (ed.), 2006, *Cumulative Trauma Disorders*. 2ª ed. CRC Press. ISBN 978-0415232234

Tilley, A.R. Henry Dreyfuss Associates, 2001, *The Measure of Man and Woman: Human Factors in Design*. Wiley. ISBN 978-0471099550

7.1.3 Livros sobre informação e operação

Chen, F., 2006, *Designing Human Interface in Speech Technology*. Springer. ISBN 0387241558

Dix, A., Finlay, J.E., Abowd, G.D. e Beale, R., 2004, *Human-Computer Interaction*. 3ª ed. London: Prentice Hall. ISBN 0130461091

Jones, M. e Marsden, G., 2006, *Mobile Interaction Design*. John Wiley & Sons. ISBN 0470090898

Love, S., 2005, *Understanding Mobile Human-Computer Interaction*. Information Systems Series. Butterworth-Heinemann. ISBN 0750663529

Moggridge, B., 2006, *Designing Interactions*. MIT Press. ISBN 0262134748

Nielsen, J. e Loranger, H., 2006, *Prioritizing Web Usability*. New Riders Press, ISBN 0321350316

Sherman, W.R. e Craig, A.B., 2003, *Understanding Virtual Reality*. Elsevier. ISBN 1558603530

Shneiderman, B. e Plaisant, C., 2004, *Designing the User Interface: Strategies for Effective Human-Computer Interaction*. 4ª ed. Addison Wesley, ISBN 0321197860

7.1.4 Livros sobre fatores ambientais

Anshel, J., 2005, *Visual Ergonomics Handbook*. CRC Press. ISBN 1566706823

Boyce, P.R., 2003, *Human Factors in Lighting*. 2ª ed. London: Taylor and Francis. ISBN 0748409505

Gardiner, K. e Harrington, J.M. (ed.), 2005, *Occupational Hygiene*. 3ª ed. Blackwell Publishing Professional. ISBN 1405106212

Mansfield, N.J., 2004, *Human Response to Vibration*. CRC Press. ISBN 041528239X

Parsons, K.C., 2002, *Human Thermal Environments: The Effects of Hot, Moderate, and Cold Environments on Human Health, Comfort and Performance*. 2ª ed. London: Taylor & Francis. ISBN 0415237939

South, T., 2004, *Managing Noise and Vibration at Work: A practical guide to assessment, measurement and control*. Butterworth-Heinemann. ISBN 0750663421

7.1.5 Livros sobre organização do trabalho

Anderson, N., Ones, D.S, Sinangil, H.K. e Viswesvaran, C., 2002, *Handbook of Industrial, Work and Organizational Psychology Volume 2: Organizational Psychology*. Thousand Oaks, California: Sage Publications Ltd. ISBN 0761964894

Hackman, J.R. e Oldham, G.R., 1980, *Work Redesign*. London: Addison Wesley. ISBN 0 201 02779 8

Hendrick, H. e Kleiner, B (ed.), 2002, *Macroergonomics: Theory, Methods, and Applications*. Lawrence Erlbaum Associates. ISBN 0805831916

Parker, S. e Wall, T., 1998, *Job and Work Design: Organizing Work to Promote Well-Being and Effectiveness*. Thousand Oaks, California: Sage Publications. ISBN 0761904204

Tosi, H.L. e Mero, N.P., 2003, *The Fundamentals of Organizational Behavior: What Managers Need to Know*. Blackwell Publishing Professional. ISBN 1405100745

7.1.6 Livros sobre o método ergonômico

Noro, K., e Imada, A. (ed.), 1991, *Participatory Ergonomics*. London: Taylor and Francis. ISBN 0850663282

Oxenburgh, M.S., Marlow, P.S.P. e Oxenburgh, A., 2004, *Increasing Productivity and Profit through Health and Safety: The Financial Returns from a Safe Working Environment*. CRC Press. ISBN 0415243319

Stanton, N.A., Hedge, A., Brookhuis, K. e Hendrick. H., 2004, *Handbook of Human Factors and Ergonomics Methods*. CRC Press. ISBN 0415287006

Stanton, N.A., Salmon, P.M., Walker, G.H., Baber, C. e Jenkins, D.P., 2005, *Human Factors Methods: A Practical Guide for Engineering And Design*. Ashgate Publishing. ISBN 0754646610

Wilson, J.R. e Corlett, N., 2005, *Evaluation of Human Work*. 3ª ed. CRC Press. ISBN 0415267579

7.2 Periódicos sobre ergonomia

Applied Ergonomics. Amsterdam: Elsevier. ISSN 0003-6870

Ergonomia. An International Journal of Ergonomics and Human Factors. Varsóvia: Polish Academy of Sciences. ISSN 0137-4990

Ergonomia. Milão, Italy: Moretti Vitali Editori. ISSN 0014-0120.

Ergonomics. Londres: Taylor & Francis. ISSN 0014-0139

Ergonomics Abstracts. Londres: Taylor & Francis. ISSN 1464-5084

Human Factors. Santa Monica, California: Human Factors and Ergonomics Society. ISSN 0018-7208

Human Factors and Ergonomics in Manufacturing. Nova York: John Wiley. ISSN 1090-8471

International Journal of Cognitive Ergonomics. Mahwah, Nova Jersey. Lawrence: Erlbaum Associates. ISSN 1088-6362 (até 2000).

International Journal of Human Factors Modelling and Simulation. Genebra: Interscience Publishers. ISSN 1742-5549

International Journal of Industrial Ergonomics. Amsterdam: Elsevier. ISSN 0169-8141

International Journal of Occupational Safety and Ergonomics. Varsóvia: Central Institute for Labour Protection. ISSN 1080-3548

Japanese Journal of Ergonomics. Tóquio: Business Center for Academic Societies Japan. ISSN 0549-4974

Occupational Ergonomics. Amsterdam: IOS. ISSN 1359-9364

TheoreticalIssues in Ergonomics Science: TIES. Londres: Taylor & Francis) ISSN 1463- 922X

TravailHumain. Paris: Presses Universitaires de France. ISSN 0041-1868

Zeitschriftfür Arbeitswissenschaft. Stuttgart: Ergonomia Verlag. ISSN 0340-2444

Zentralblatt für Arbeitsmedizin, Arbeitsschutz und Ergonomie. Heidelberg: Curt Haefner Verlag. ISSN 0944-2502

7.3 Websites úteis

As indicações aqui apresentadas são apenas alguns dos sites disponíveis em ergonomia e seus diversos links conduzem a outros sites interessantes.

Maus projetos de ergonomia

Baddesigns (http://www.baddesigns.com) é um site que mostra más aplicações da ergonomia em objetos de uso diário, com sugestões para suas melhorias.

Certificação Profissional

O *Board of Certification in Professional Ergonomics* – BCPE (http://www.bcpe.org/) certifica os profissionais nos EUA, concedendo o credenciamento Certified Professional Ergonomist (CPE).

O *Centre for Registration of European Ergonomists* – CREE (http://www.eurerg.org) é uma cooperativa de 15 sociedades europeias, que concede o titulo de *European Ergonomist*.

N.T. No Brasil, o certificado de ergonomista é concedido pela Associação Brasileira de Ergonomia – ABERGO (www.abergo.org.br).

Base de dados em ergonomia

A base de dados *Ergonomics Abstracts* (http://www.tandf.co.uk/ergo-abs/) fornece informações sobre livros e artigos de ergonomia publicados em periódicos e apresentados em congressos.

Ergonomia para estudantes

O site (www.ergonomics4schools.com) contém informações úteis para estudantes e professores.

Ergonomics Society

A *Ergonomics Society* (http://www.ergonomics.org.uk) da Inglaterra foi criada em 1949 e é a associação mais antiga de ergonomia no mundo.

Ergoweb

Ergoweb (http://www.ergoweb.com) apresenta informações sobre ergonomia, veiculados pela empresa Ergoweb Inc. dos EUA.

Federation of European Ergonomics Societies – FEES

A Federação FEES (http://www.fees-network) congrega 15 associações de ergonomia da Europa ligadas à International Ergonomics Association – IEA, representando cerca de 4000 sócios.

Human Factors and Ergonomics Society

A Human Factors and Ergonomics Society (http://www.hfes.org) funciona nos EUA e congrega cerca de 4500 ergonomistas de vários países.

International Ergonomics Association – IEA

A IEA (http://www.iea.cc) congrega 40 associações de ergonomia de vários países, representando cerca de 19000 ergonomistas.

Usernomics

Usernomics (http://www.usernomics.com) é uma empresa que atua na usabilidade de *softwares*, hardwares e postos de trabalho. Este site apresenta links muito úteis.

7.4 Normas ISO em ergonomia

Apresentamos uma lista de normas sobre ergonomia, elaborados pela *International Organization for Standardization* – ISO – até 2008. Essas normas foram elaboradas com a participação das entidades interessadas, contando com assessoria de especialistas em ergonomia. Uma lista mais atualizada poderá ser obtida no *site* (www. iso.org). As normas foram preparadas pelos seguintes comitê e subcomitês:

- ISO TC 159 – "Ergonomics" (apresentamos lista integral das normas publicadas)
- ISO TC 199 "Safety of machinery" (lista integral),
- ISO TC 108, Subcomitê 4 "Human exposure to mechanical vibration and shock" (lista integral)
- ISO JTC1/SC35 "User interfaces" (lista integral)
- ISO TC 43/SC1 "Noise" (lista parcial das normas publicadas),
- CIE "International Commission on Illumination" (lista parcial).

Na lista abaixo, as normas foram classificadas de acordo com os capítulos deste livro. Algumas normas podem aparecer repetidas em diferentes capítulos.

Muitas normas em ergonomia ainda estão em fase de desenvolvimento nos Comitês da ISO acima citados. Além disso, algumas dessas normas estão sendo desdobradas para aplicações específicas, como nos sistema de TI, aeronaves, veículos terrestres, tratores, equipamentos florestais, indústria de gás e petróleo, indústria têxtil, construções e máquinas para movimentação de terras. As abreviaturas usadas tem os seguintes significados: : Amd. = Emenda; CIE = International Commission on Illumination; Cor. = Correção; IEC = International Electrotechnical Commission; JTC = Comitê Técnico Conjunto; PAS = Especificação Disponível para Divulgação, SC = Subcomite, TC = Comissão Técnica, TR = Relatório Técnico; TS = Especificação Técnica.

7.4.1 Normas Gerais em Ergonomia

Aspectos Gerais:

ISO 6385

Projeto do produto, posto de trabalho e equipamento:

ISO 9241-5, ISO 11064-1, ISO 11064-2, ISO 11064-3, ISO 11064-4, ISO 20282-1, ISO 20282-2

Segurança de máquinas:

ISO 12100-1, ISO 12100-2, ISO 13849-1, ISO 13849-2, ISO/TR 13849-100, ISO 13850, ISO 13851, ISO 13852, ISO 13853, ISO 13854, ISO 13855, ISO 13856-1, ISO 13856-2, ISO 13856-3, ISO 14118, ISO 14119, ISO 14120, ISO 14121, ISO 14122-1, ISO 14122-2, ISO 14122-3, ISO 14122-4, ISO 14123-1, ISO 14123-2, ISO 14159, ISO/TR 18569, ISO 214

7.4.2 Normas para postura e movimento

Biomecânica:

ISO 1503, ISO 11226, ISO 11228-1, ISO 20646

Antropometria:

ISO 7250, ISO 14738, ISO 15534-1, ISO 15534-2, ISO 15534-3, ISO 15535, ISO 15536-1, ISO 15537, ISO 20685

7.4.3 Normas para informação e operação

Aspectos Gerais:

ISO 9241-1, ISO 9241-2, ISO 9241-3, ISO 9241-4, ISO 9241-5, ISO 9241-6, ISO 9241-7, ISO 9241-8, ISO 9241-9, ISO 11428, ISO 13406-1, ISO 13406-2, ISO 16071, ISO 16982, ISO 18152, ISO 18529

Interfaces:

ISO/IEC 9995-1, ISO/IEC 9995-2, ISO/IEC 9995-3, ISO/IEC 9995-4, ISO/IEC 9995-5, ISO/IEC 9995-6, ISO/IEC 9995-7, ISO/IEC 9995-8, ISO/IEC 10741-1,

ISO/IEC 10741- 1:1995/Amd 1, ISO/IEC 11581-1, ISO/IEC 11581-2, ISO/IEC 11581-3, ISO/IEC 11581-4, ISO/IEC 11581-5, ISO/IEC 11581-6, ISO/IEC 13251, ISO/IEC 14754, ISO/IEC 14755, ISO/IEC 15411, ISO/IEC 15412, ISO/IEC TR 15440, ISO/IEC 15897

Software:

ISO 9241-11 ISO 9241-12 ISO 9241-13 ISO 9241-14 ISO 9241-15 ISO 9241-16 ISO 9241-17, ISO 9241-110, ISO 13407, ISO 14915-1, ISO 14915-2, ISO 14915-3

Mostradores e Controles:

ISO 7731, ISO 9241-4, ISO 9355-1, ISO 9355-2, ISO 9921, ISO 11428, ISO 11429, ISO 19358

7.4.4 Normas sobre fatores ambientais

Aspectos Gerais:

ISO 9241-6, ISO 11064-6

Ruídos:

ISO 1996-1, ISO 1996-2, ISO 1996-3, ISO 1999, ISO 4869-1, ISO 4869-2, ISO/TR 4869-3, ISO/TR 4869-4, ISO/TR 4869-5, ISO 7731, ISO 11429, ISO 15664, ISO/ TS 15666, ISO 15667, ISO 17624

Vibrações:

ISO 2631-1, ISO 2631-2, ISO 2631-4, ISO 2631-5, ISO 5349-1, ISO 5349-2, ISO 5805, ISO 5982, ISO 6897, ISO 8727, ISO, 9996, ISO 10068, ISO 10227, ISO 10326-1, ISO 10326-2, ISO 10819, ISO 13090-1, ISO 13091-1, ISO 13092-2, ISO 13753, ISO 14835-1, ISO 14835¬2, ISO/TS 15694

Iluminação:

ISO/CIE 8995-1, ISO/CIE 8995-3, ISO 9241-7,

Clima:

ISO 7243, ISO 7726, ISO 7730, ISO 7933, ISO 8996, ISO 9886, ISO 9920, ISO 10551, ISO/TR 11079, ISO 11399, ISO 12894, ISO 13731, ISO 13732-1, ISO/TS 13732-2, ISO 14415, ISO 14505-2, ISO 14505-3, ISO 15265

7.4.5 Normas sobre organização do trabalho

Aspectos Gerais:

ISO 6385, ISO 9241-2 Mental

Carga de trabalho::
ISO 10075, ISO 10075-2, ISO 10075-3

7.4.6 Normas sobre o método ergonômico

ISO 6385, ISO 9241-1, ISO 11064-1, ISO 11064-7, ISO 13407

7.4.7 Lista de normas

ISO 1503:1977 Geometrical orientation and directions of movements

ISO 1996-1:2003 Acoustics – Description, measurement and assessment of environmental noise – Part 1: Basic quantities and assessment procedures

ISO 1996-2:1987/Amd 1:1998 Acoustics – Description and measurement of environmental noise – Part 2: Acquisition of data pertinent to land use

ISO 1996-3:1987 Acoustics – Description and measurement of environmental noise – Part 3: Application to noise limits

ISO 1999:1990 Acoustics – Determination of occupational noise exposure and estimation of noise-induced hearing impairment

ISO 2631-1:1997 Mechanical vibration and shock – Evaluation of human exposure to whole-body vibration – Part 1: General requirements

ISO 2631-2:2003 Mechanical vibration and shock – Evaluation of human exposure to whole-body vibration – Part 2: Vibration in buildings (1 Hz to 80 Hz)

ISO 2631-4:2001 Mechanical vibration and shock – Evaluation of human exposure to whole-body vibration – Part 4: Guidelines for the evaluation of the effects of vibration and rotational motion on passenger and crew comfort in fixed-guideway transport systems

ISO 2631-5:2004 Mechanical vibration and shock – Evaluation of human exposure to whole-body vibration – Part 5: Method for evaluation of vibration containing multiple shocks

ISO 4869-1:1990 Acoustics – Hearing protectors – Part 1: Subjective method for the measurement of sound attenuation

ISO 4869-2:1994/Cor 1:2006 Acoustics – Hearing protectors – Part 2: Estimation of effective A-weighted sound pressure levels when hearing protectors are worn

ISO/TR 4869-3:1989 Acoustics – Hearing protectors – Part 3: Simplified method for the measurement of insertion loss of ear-muff type protectors for quality inspection purposes

ISO/TR 4869-4:1998 Acoustics – Hearing protectors – Part 4: Measurement of effective sound pressure levels for level-dependent sound-restoration ear-muffs

ISO/TS 4869-5:2006 Acoustics – Hearing protectors – Part 5: Method for estimation of noise reduction using fitting by inexperienced test subjects

ISO 5349-1:2001 Mechanical vibration – Measurement and evaluation of human exposure to hand-transmitted vibration – Part 1: General requirements

ISO 5349-2:2001 Mechanical vibration – Measurement and evaluation of human exposure to hand-transmitted vibration – Part 2: Practical guidance for measurement at the workplace

ISO 5805:1997 Mechanical vibration and shock – Human exposure – Vocabulary

ISO 5982:2001 Mechanical vibration and shock – Range of idealized values to characterize seated-body biodynamic response under vertical vibration

ISO 6385:2004 Ergonomic principles in the design of work systems

ISO 6897:1984 Guidelines for the evaluation of the response of occupants of fixed structures, especially buildings and off-shore structures, to low-frequency horizontal motion (0,063 to 1 Hz)

ISO 7243:1989 Hot environments – Estimation of the heat stress on working man, based on the WBGT-index (wet bulb globe temperature)

ISO 7250:1996 Basic human body measurements for technological design

ISO 7726:1998 Ergonomics of the thermal environment – Instruments for measuring physical quantities

ISO 7730:2005 Ergonomics of the thermal environment – Analytical determination and interpretation of thermal comfort using calculation of the PMV and PPD indices and local thermal comfort criteria

ISO 7731:2003 Danger signals for work places – Auditory danger signals

ISO 7933:2004 Ergonomics of the thermal environment – Analytical determination and interpretation of heat stress using calculation of the predicted heat strain

ISO 8727:1997 Mechanical vibration and shock – Human exposure – Biodynamic coordinate systems

ISO/CIE 8995-1:2002/Cor 1:2005 Lighting of work places – Part 1: Indoor

ISO/CIE 8995-3:2006 Lighting of work places – Part 3: Lighting requirements for safety and security of outdoor work places

ISO 8996:2004 Ergonomics of the thermal environment – Determination of metabolic rate

ISO 9241-1:1997/Amd 1:2001 Ergonomic requirements for office work with visual display terminals (VDTs) – Part 1: General introduction

ISO 9241-2:1992 Ergonomic requirements for office work with visual display terminals (VDTs) – Part 2: Guidance on task requirements

ISO 9241-3:1992/Amd 1:2000 Ergonomic requirements for office work with visual display terminals (VDTs) – Part 3: Visual display requirements

ISO 9241-4:1998/Cor 1:2000 Ergonomic requirements for office work with visual display terminals (VDTs) – Part 4: Keyboard requirements

ISO 9241-5:1998 Ergonomic requirements for office work with visual display terminals (VDTs) – Part 5: Workstation layout and postural requirements

ISO 9241-6:1999 Ergonomic requirements for office work with visual display terminals (VDTs) – Part 6: Guidance on the work environment

ISO 9241-7:1998 Ergonomic requirements for office work with visual display terminals (VDTs) – Part 7: Requirements for display with reflections

ISO 9241-8:1997 Ergonomic requirements for office work with visual display terminals (VDTs) – Part 8: Requirements for displayed colours

ISO 9241-9:2000 Ergonomic requirements for office work with visual display terminals (VDTs) – Part 9: Requirements for non-keyboard input devices

ISO 9241-11:1998 Ergonomic requirements for office work with visual display terminals (VDTs) – Part 11: Guidance on usability

ISO 9241-12:1998 Ergonomic requirements for office work with visual display terminals (VDTs) – Part 12: Presentation of information

ISO 9241-13:1998 Ergonomic requirements for office work with visual display terminals (VDTs) – Part 13: User guidance

ISO 9241-14:1997 Ergonomic requirements for office work with visual display terminals (VDTs) – Part 14: Menu dialogues

ISO 9241-15:1997 Ergonomic requirements for office work with visual display terminals (VDTs) – Part 15: Command dialogues

ISO 9241-16:1999 Ergonomic requirements for office work with visual display terminals (VDTs) – Part 16: Direct manipulation dialogues

ISO 9241-17:1998 Ergonomic requirements for office work with visual display terminals (VDTs) – Part 17: Form filling dialogues

ISO 9241-110:2006 Ergonomics of human-system interaction – Part 110: Dialogue principles

ISO 9355-1:1999 Ergonomic requirements for the design of displays and control actuators – Part 1: Human interactions with displays and control actuators

ISO 9355-2:1999 Ergonomic requirements for the design of displays and control actuators – Part 2: Displays

ISO 9886:2004 Ergonomics: Evaluation of thermal strain by physiological measurements

ISO 9920:1995 Ergonomics of the thermal environment – Estimation of the thermal insulation and evaporative resistance of a clothing ensemble

ISO 9921:2003 Ergonomic assessment of speech communication – Part 1: Speech interference level and communication distances for persons with normal hearing capacity in direct communication (SIL method)

ISO/IEC 9995-1:2006 Information technology – Keyboard layouts for text and office systems – Part 1: General principles governing keyboard layouts

ISO/IEC 9995-2:2002 Information technology – Keyboard layouts for text and office systems – Part 2: Alphanumeric section

ISO/IEC 9995-3:2002 Information technology – Keyboard layouts for text and office systems – Part 3: Complementary layouts of the alphanumeric zone of the alphanumeric section

ISO/IEC 9995-4:2002 Information technology – Keyboard layouts for text and office systems – Part 4: Numeric section

ISO/IEC 9995-5:2006 Information technology – Keyboard layouts for text and office systems – Part 5: Editing section

ISO/IEC 9995-6:2006 Information technology – Keyboard layouts for text and office systems – Part 6: Function section

ISO/IEC 9995-7:2002 Information technology – Keyboard layouts for text and office systems – Part 7: Symbols used to represent functions

ISO/IEC 9995-8:2006 Information technology – Keyboard layouts for text and office systems – Part 8: Allocation of letters to the keys of a numeric keypad

ISO 9996:1996 Mechanical vibration and shock – Disturbance to human activity and performance – Classification

ISO 10068:1998 Mechanical vibration and shock – Free, mechanical impedance of the human hand-arm system at the driving point

ISO 10075:1991 Ergonomic principles related to mental work-load – General terms and definitions

ISO 10075-2:1996 Ergonomic principles related to mental workload – Part 2: Design principles

ISO 10075-3:2004 Ergonomic principles related to mental workload – Part 3: Principles and requirements concerning methods for measuring and assessing mental workload

ISO 10227:1996 Human/human surrogate impact (single shock) testing and evaluation – Guidance on technical aspects

ISO 10326-1:1992 Mechanical vibration – Laboratory method for evaluating vehicle seat vibration – Part 1: Basic requirements

ISO 10326-2:2001 Mechanical vibration – Laboratory method for evaluating vehicle seat vibration – Part 2: Application to railway vehicles

ISO 10551:1995 Ergonomics of the thermal environment – Assessment of the influence of the thermal environment using subjective judgement scales

ISO/IEC 10741-1:1995 Information technology – User system interfaces – Dialogue interaction – Part 1: Cursor control for text editing

ISO/IEC 10741-1:1995/Amd 1:1996 Macro cursor control

ISO 10819:1996 Mechanical vibration and shock – Hand-arm vibration – Method for the measurement and evaluation of the vibration transmissibility of gloves at the palm of the hand

ISO 11064-1:2000 Ergonomic design of control centres – Part 1: Principles for the design of control centres

ISO 11064-2:2000 Ergonomic design of control centres – Part 2: Principles for the arrangement of control suites

ISO 11064-3:1999/Cor 1:2002 Ergonomic design of control centres – Part 3: Control room layout

ISO 11064-4:2004 Ergonomic design of control centres – Part 4: Layout and dimensions of workstations

ISO 11064-6:2005 Ergonomic design of control centres – Part 6: Environmental requirements for control centres

ISO 11064-7:2006 Ergonomic design of control centres – Part 7: Principles for the evaluation of control centres

ISO/TR 11079:1993 Evaluation of cold environments – Determination of requisite clothing insulation (IREC)

ISO 11226:2000 Ergonomics – Evaluation of static working postures

ISO 11228-1:2003 Ergonomics – Manual Handling – Part 1: Lifting and carrying

ISO 11399:1995 Ergonomics of the thermal environment – Principles and application of relevant International Standards

ISO 11428:1996 Ergonomics – Visual danger signals – General requirements, design and testing

ISO 11429:1996 Ergonomics – System of auditory and visual danger and information signals ISO/IEC 11581-1:2000 Information technology – User system interfaces and symbols – Icon symbols and functions – Part 1: Icons – General

ISO/IEC 11581-2:2000 Information technology – User system interfaces and symbols – Icon symbols and functions – Part 2: Object icons

ISO/IEC 11581-3:2000 Information technology – User system interfaces and symbols – Icon symbols and functions – Part 3: Pointer icons

ISO/IEC 11581-5:2004 Information technology – User system interfaces and symbols – Icon symbols and functions – Part 5: Tool icons

ISO/IEC 11581-6:1999 Information technology – User system interfaces and symbols – Icon symbols and functions – Part 6: Action icons

ISO 12100-1:2003 Safety of machinery – Basic concepts, general principles for design – Part 1: Basic terminology, methodology

ISO 12100-2:2003 Safety of machinery – Basic concepts, general principles for design – Part 2: Technical principles

ISO 12894:2001 Ergonomics of the thermal environment – Medical supervision of individuals exposed to extreme hot or cold environments

ISO 13090-1:1998 Mechanical vibration and shock – Guidance on safety aspects of tests and experiments with people – Part 1: Exposure to whole-body mechanical vibration and repeated shock

ISO 13091-1:2001 Mechanical vibration – Vibrotactile perception thresholds for the assessment of nerve dysfunction – Part 1: Methods of measurement at the fingertips

ISO 13091-2:2003 Mechanical vibration – Vibrotactile perception thresholds for the assessment of nerve dysfunction – Part 2: Analysis and interpretation of measurements at the fingertips

ISO/IEC 13251:2004 Collection of graphical symbols for office equipment

ISO 13406-1:1999 Ergonomic requirements for work with visual displays based on flat panels – Part 1: Introduction

ISO 13406-2:2001 Ergonomic requirements for work with visual displays based on flat panels – Part 2: Ergonomic requirements for flat panel displays

ISO 13407:1999 Human-centered design processes for interactive systems

ISO 13731:2001 Ergonomics of the thermal environment – Vocabulary and symbols

ISO 13732-1:2006 Ergonomics of the thermal environment – Methods for the assessment of human responses to contact with surfaces – Part 1: Hot surfaces

ISO/TS 13732-2:2001 Ergonomics of the thermal environment – Methods for the assessment of human responses to contact with surfaces – Part 2: Human contact with surfaces at moderate temperature

ISO 13732-3:2005 Ergonomics of the thermal environment – Methods for the assessment of human responses to contact with surfaces – Part 3: Cold surfaces

ISO 13753:1998 Mechanical vibration and shock – Hand-arm vibration – Method for measuring the vibration transmissibility of resilient materials when loaded by the hand-arm system

ISO 13849-1:2006 Safety of machinery – Safety-related parts of control systems Part 1: General principles for design

ISO 13849-2:2003 Safety of machinery – Safety-related parts of control systems Part 2: Validation

ISO/TR 13849-100:2000 Safety of machinery – Safety-related parts of control systems – Part 100: Guidelines for the use and application of ISO 13849-1

ISO 13850:2006 Safety of machinery – Emergency stop – Principles for design

ISO 13851:2002 Safety of machinery – Two-hand control devices – Functional aspects and design principles

ISO 13852:1996 Safety of machinery – Safety distances to prevent danger zones being reached by the upper limbs

ISO 13853:1998 Safety of machinery – Safety distances to prevent danger zones being reached by the lower limbs

ISO 13854:1996 Safety of machinery – Minimum gaps to avoid crushing of parts of the human body

ISO 13855:2002 Safety of machinery – Positioning of protective equipment with respect to the approach speeds of parts of the human body

ISO 13856-1:2001 Safety of machinery – Pressure-sensitive protective devices Part 1: General principles for design and testing of pressure-sensitive mats and pressure-sensitive floors

ISO 13856-2:2005 Safety of machinery – Pressure-sensitive protective devices Part 2: General principles for the design and testing of pressure-sensitive edges and pressure-sensitive bars

ISO 13856-3:2006 Safety of machinery – Pressure-sensitive protective devices Part 3: General principles for the design and testing of pressure-sensitive bumpers, plates, wires and similar devices

ISO 14118:2000 Safety of machinery – Prevention of unexpected start-up

ISO 14119:1998 Safety of machinery – Interlocking devices associated with guards – Principles for design and election

ISO 14120:2002 Safety of machinery – Guards – General requirements for the design and construction of fixed and movable guards

ISO 14121:1999 Safety of machinery – Principles of risk assessment

ISO 14122-1:2001 Safety of machinery – Permanent means of access to machinery – Part 1: Choice of fixed means of access between two levels

ISO 14122-2:2001 Safety of machinery – Permanent means of access to machinery – Part 2: Working platforms and walkways

ISO 14122-3:2001 Safety of machinery – Permanent means of access to machinery – Part 3: Stairs, stepladders and guard-rails

ISO 14122-4:2004 Safety of machinery – Permanent means of access to machinery – Part 4: Fixed ladders

ISO 14123-1:1998 Safety of machinery – Reduction of risks to health from hazardous substances emitted by machinery – Part 1: Principles and specifications for machinery manufacturers

ISO 14123-2:1998 Safety of machinery – Reduction of risks to health from hazardous substances emitted by machinery – Part 2: Methodology leading to verification procedures

ISO 14159:2002 Safety of machinery – Hygiene requirements for the design of machinery

ISO/TS 14415:2005 Ergonomics of the thermal environment – Application of International Standards to people with special requirements

ISO 14505-2:2006 Ergonomics of the thermal environment – Evaluation of thermal environments in vehicles – Part 2: Determination of equivalent temperature

ISO 14505-3:2006 Ergonomics of the thermal environment – Evaluation of thermal environments in vehicles – Part 3: Evaluation of thermal comfort using human subjects

ISO 14738:2002 Safety of Machinery - Anthropometric requirements for the design of workstations at machinery

ISO/IEC 14754:1999 Information technology – Pen-Based Interfaces – Common gestures for Text Editing with Pen-Based Systems

ISO/IEC 14755:1997 Information technology – Input methods to enter characters from the repertoire of ISO/IEC 10646 with a keyboard or other input device

ISO 14835-1:2005 Mechanical vibration and shock – Cold provocation tests for the assessment of peripheral vascular function – Part 1: Measurement and evaluation of finger skin temperature

ISO 14835-2:2005 Mechanical vibration and shock – Cold provocation tests for the assessment of peripheral vascular function – Part 2: Measurement and evaluation of finger systolic blood pressure

ISO 14915-1:2002 Software ergonomics for multimedia user interfaces – Part 1: Design principles and framework

ISO 14915-2:2003 Software ergonomics for multimedia user interfaces – Part 2: Multimedia navigation and control

ISO 14915-3:2002 Software ergonomics for multimedia user interfaces – Part 3: Media selection and combination

ISO 15265:2004 Ergonomics of the thermal environment – Risk assessment strategy for the prevention of stress or discomfort in thermal working conditions

ISO/IEC 15411:1999 Information technology – Segmented keyboard layouts

ISO/IEC 15412:1999 Information technology – Portable computer keyboard layouts

ISO/IEC TR 15440:2005 Information technology – Future keyboards and other associated input devices and related entry methods

ISO 15534-1:2000 Ergonomic design for the safety of machinery – Part 1: Principles for determining the dimensions required for openings for whole-body access into machinery

ISO 15534-2:2000 Ergonomic design for the safety of machinery – Part 2: Principles for determining the dimensions required for access openings

ISO 15534-3:2000 Ergonomic design for the safety of machinery – Part 3: Anthropometric data

ISO 15535:2006 General requirement for establishing anthropometric databases

ISO 15536-1:2005 Ergonomics – Computer manikins and body templates – Part 1: General requirements

ISO 15537:2004 Principles for selecting and using test persons for testing anthropometric aspects of industrial products and designs

ISO 15664:2001 Acoustics – Noise control design procedures for open plant

ISO/TS 15666:2003 Acoustics – Assessment of noise annoyance by means of social and socio-acoustic surveys

ISO 15667:2000 Acoustics – Guidelines for noise control by enclosures and cabins

ISO/IEC 15897:1999 Information technology – Procedures for registration of cultural elements

ISO/TS 15694:2004 Mechanical vibration and shock – Measurement and evaluation of single shocks transmitted from hand-held and hand-guided machines to the hand-arm system

ISO/TS 16071:2003 Ergonomics of human-system interaction – Guidance on accessibility for human-computer interfaces

ISO/TR 16982:2002 Ergonomics of human-system interaction – Usability methods supporting human-centered design

ISO 17624:2004 Acoustics – Guidelines for noise control in offices and workrooms by means of acoustical screens

ISO/IEC 18021:2002 Information technology – User interfaces for mobile tools for management of database communications in a client-server model

ISO/IEC 18035:2003 Information technology – Icon symbols and functions for controlling multimedia software applications

ISO/IEC 18036:2003 Information technology – Icon symbols and functions for World Wide Web browser toolbars

ISO/PAS 18152:2003 Ergonomics of human-system interaction – Specification for the process assessment of human-system issues

ISO/TR 18529:2000 Ergonomics – Ergonomics of human-system interaction – Human-centered lifecycle process descriptions

ISO/TR 18569:2004 Safety of machinery – Guidelines for the understanding and use of safety of machinery standards

ISO 19353:2005 Safety of machinery – Fire prevention and protection

ISO/TR 19358:2002 Ergonomics – Construction and application tests for speech technology

ISO/IEC TR 19764:2005 Information technology – Guidelines, methodology and reference criteria for cultural and linguistic adaptability in information technology products

ISO 20282-1:2006 Ease of operation of everyday products – Part 1: Design requirements for context of use and user characteristics

ISO 20282-2:2006 Ease of operation of everyday products – Part 2: Test method for walk- up-and-use products

ISO/TS 20646-1:2004 Ergonomic procedures for the improvement of local muscular workloads – Part 1: Guidelines for reducing local muscular workloads (available in English only)

ISO 20685:2005 3-D scanning methodologies for internationally compatible anthropometric databases

ISO 21469:2006 Safety of machinery – Lubricants with incidental product contact – Hygiene requirements

ISO/IEC 24738:2006 Information technology – Icon symbols and functions for multimedia link attributes

ÍNDICE